Traduzione dal tedesco di Barbara Ivančić
La traduzione è stata realizzata con il contributo del Goethe Institut

GOETHE INSTITUT

Progetto grafico: NERO
Direzione creativa: Francesco Serasso
In copertina: Katharina Grosse, *Untitled*, 2005

ISBN 9788867834198

add editore
piazza Carlo Felice 85 – Torino
info@addeditore.it – addeditore.it

DANIEL SCHREIBER

SOLI

Traduzione di Barbara Ivančić

add
editore

INDICE

In ogni momento, assieme a ciò che viene considerato naturale fare e dire [...], ci sono tutte quelle cose su cui la società tace senza rendersene conto, destinando a un disagio solitario chi quelle stesse cose le sente senza saperle nominare. Un silenzio che un giorno si rompe, d'un tratto o poco a poco, e delle parole cominciano a sgorgare sulle cose, finalmente riconosciute, mentre al di sopra si vanno formando altri silenzi.

Annie Ernaux, *Gli anni**

* Traduzione di Lorenzo Flabbi, L'orma 2015, p. 109.

LA VITA DA SOLI

Eravamo seduti su traballanti sedie pieghevoli nel retro della casa a goderci gli ultimi raggi del sole di tarda estate, bevendo un caffè. Davanti a noi si estendeva un appezzamento di terreno incolto che una volta ospitava un grande orto urbano. Sylvia e Heiko si erano costruiti quella casa nei pressi del lago di Liepnitz, alle porte di Berlino. Ci erano voluti anni per finirla, ma ora si erano trasferiti lì, assieme alla loro figlioletta Lilith, lasciandosi definitivamente alle spalle la vita berlinese. Avevo seguito il trasloco con sentimenti contrastanti. Non riuscivo a immaginare che cosa avrebbe comportato quella distanza per la mia vita sociale e soprattutto per il rapporto di amicizia che da molto tempo mi legava a Sylvia.

Quel giardino era abbandonato ormai da anni. Il terreno spinoso dal quale spuntavano erba secca, piante erbacee e ortiche era circondato da tuie che raggiungevano metri di altezza, tenendosi ben strette l'una all'altra. Tre grossi pini svettavano al centro, mentre qua e là c'erano arbusti secchi di lauroceraso e rododendro, sui cui rami si intravedevano poche foglie. Solo sporadiche piante di silene color porpora, incredibilmente resistenti alla siccità, qualche geranio rosa e qualche pianta delle asteracee, i cui fiori risplendevano di luce giallo-arancione, erano riusciti a sopravvivere.

Senza pensarci troppo, chiesi a Sylvia se potevo aiutarli a riprogettare il giardino. Per un qualche motivo, che non sono in più in grado di spiegare, sentivo che per me sarebbe stato importante. Credo c'entrasse il bisogno di radicamento, che speravo di trovare stando a contatto con la natura e prendendomi cura delle piante. Forse una parte di me aveva la sensazione che lo stato disastroso in cui versava quel giardino assomigliasse a quello della mia vita. Disastrosa nonostante gli attimi di bellezza. Nei mesi precedenti si era insinuato in me il pensiero di aver fatto qualcosa di sbagliato, di esser stato ammaliato, negli anni della gioventù, da un'idea romantica dell'essere adulti, e mi sembrava che solo ora le conseguenze di quell'equivoco si manifestassero con chiarezza.

Non ho scelto intenzionalmente di vivere da solo. Al contrario, per molto tempo ho dato per scontato che avrei condiviso la vita con qualcuno e che con quel qualcuno sarei invecchiato. Avevo sempre avuto relazioni, ora più brevi, ora più lunghe, talora anche molto lunghe, e spesso l'una confluiva nell'altra. Con due dei miei partner ho convissuto e con uno di loro ho progettato per anni un futuro in due. In quel periodo della vita, le settimane in cui mi capitava di ritrovarmi da solo avevano il sapore dell'eternità, un'eternità che riempivo con flirt e avventure di una notte, o con ossessioni romantiche che oggi preferisco non ricordare. Ma a un certo punto tutto questo finì. Passai prima mesi, poi anni senza una relazione, mentre anche le avventure si facevano sempre più rare. Se per molto tempo non ero stato in grado di stare da solo, ora sembrava che la solitudine la cercassi.

Parlandone con amiche e amici, dicevo che dipendeva dal fatto che prima fossi più giovane, meno prevenuto e più temerario. Altre volte ne attribuivo la causa a una certa spietatezza che avvertivo nel mondo dell'amore e del desiderio omosessuale, che faceva sì che a partire da una certa età si diventasse invisibili. Poi, tra me e me, mi chiedevo se non fossi troppo segnato dalle relazioni precedenti per poterne avere di nuove, o addirittura se nella mia vita ci fosse lo spazio per un legame, dato che dovevo lavorare molto per mantenermi e, soprattutto, avevo bisogno di parecchio tempo per dedicarmi alla scrittura, che era il mio progetto esistenziale.

Tutto questo c'entrava, eppure non era sufficiente come spiegazione, perché c'erano giorni in cui mi sembrava di intuire che se vivevo da solo era anche perché mi mancava una sorta di fiducia di base. Non riuscivo proprio a immaginarmi un futuro promettente che meritasse di essere condiviso con qualcuno. Questo senso di impotenza andava ben oltre la vita privata. Le conseguenze di insanabili squilibri economici, il crescente influsso di regimi autocratici, i danni quasi certamente irrimediabili del cambiamento climatico: tutto questo mi faceva pensare che al genere umano fosse venuta meno la volontà di opporsi alla catastrofe che lo attendeva. Mi sembrava che invece vi si abbandonasse con un fatalismo in cui avvertivo un inquietante senso di piacere. La mia disperazione aumentava a ogni estate segnata dalla siccità, a ogni ciclone tropicale che distruggeva interi lembi di terra e Stati insulari, a ogni previsione di carestie e di flussi migratori seguiti al crollo di sistemi politici, a ogni notizia da cui emergeva la passività dei governi del mondo. Bastava che leggessi degli incredibili successi di campagne di disinformazione, di messe in guardia contro il cyber e il bioterrorismo, di nuovi virus e di epidemie che ci avrebbero colti impreparati, per avvertire sempre di più questo senso di impotenza.

Credo che l'espressione "moral injury" sia adatta per descrivere ciò che provavo. Il concetto proviene dagli studi sui disturbi post-traumatici accusati dai reporter di guerra, e descrive una ferita sul piano della comprensione interiore della realtà, che deriva dal fatto di aver dovuto assistere a eventi orribili senza poter intervenire in alcun modo.[1] Naturalmente la nostra vita non si può paragonare a quella di chi ci racconta la guerra, eppure il dilemma di fondo è simile: assistiamo all'orrore che accade nel mondo, pur essendo condannati in larga misura all'inerzia. Da tempo mi ero accorto che per me era praticamente impossibile accettare questa condizione, senza che si trasformasse in un doloroso attacco alla mia bussola morale, alla comprensione del mondo e di me stesso.

Amo i giardini. Fin da piccolo chiedevo a mia madre, appassionata di giardinaggio, i nomi delle piante, e mi perdevo giocando tra grandi alberi da frutto e piumose piante di asparago. Da molti anni ho l'abitudine di andare a Bornim, nei pressi di Potsdam, per visitare il bellissimo giardino di Karl Foerster. Sono capace di trascorrere ore nel Potager du Roi a Versailles, un orto progettato da Jean-Baptiste de la Quintinie. Il castello di Sissinghurst di Vita Sackville-West, con la sua tenuta e il vasto giardino suddiviso per colori, mi toglie ogni volta il respiro. Negli ultimi anni mi ha affascinato soprattutto il lavoro del designer Piet Oudolf. I suoi giardini emanano una bellezza selvaggia. Assomigliano a oceani in cui onde di fiori della prateria, di piante perenni e graminacee si susseguono ritmicamente. C'è sempre qualcosa di fiorito in quei giardini che, grazie alle forme di alcune piante, sono belli anche d'inverno.

I giardini di Oudolf mi trasmettevano sensazioni che difficilmente riuscivo a tradurre in parole. Nutrivano il mio bisogno di avere un luogo in cui rifugiarmi, suggerendomi allo stesso tempo l'idea che alle avversità dei nostri tempi si potesse reagire. In quei giardini vedevo la possibilità di rendere un po' più bello questo mondo anche nel nostro piccolo, gettando almeno su un pezzo di terra le fondamenta di un futuro migliore. Ci vedevo la possibilità di vivere nel e con il mondo che non ci dà tregua.

Ispirato da Oudolf e dalla sua filosofia dei giardini, proposi a Sylvia e Heiko di riprogettare in maniera più ambiziosa il terreno attorno alla loro casa. Mi procurai i libri di Oudolf e li studiai in modo meticoloso. L'obiettivo era creare un giardino sostenibile, che di anno in anno avrebbe comportato sempre meno lavoro, dal momento che le piante dovevano essere calibrate così bene tra di loro e rispetto al luogo in cui si trovavano da creare una sorta di mini ecosistema. Un giardino che anche nelle estati calde avrebbe richiesto pochissima acqua.

Poco alla volta ci siamo messi a lavorare. Avevo una copia di chiavi della casa e, quando era necessario o anche solo quando non stavo particolarmente bene, prendevo il treno regionale da Berlino al lago di Liepnitz. Una volta lì, mi alzavo all'alba, mi facevo un caffè e uscivo in giardino. Il lavoro manuale andava di pari passo con un lavoro di tipo spirituale, la creazione dello spazio del giardino comportava al tempo stesso un ampliamento del mio spazio mentale. Questa almeno era la sensazione che provavo.[2]

In quell'autunno mi sono spesso ritrovato a pensare alla nota tesi della "fine delle grandi narrazioni" di Jean-François Lyotard. Lyotard l'aveva avanzata già verso la fine degli anni Settanta dello scorso secolo nel suo libro *La condizione post-*

moderna. Non si riferiva a forme di narrazione letteraria, ma piuttosto a una sostanziale perdita di credibilità di cui soffre la nostra società. Le "narrazioni" che aveva in mente erano la politica e la filosofia. Secondo Lyotard, nessuno di questi due ambiti poteva più rivendicare qualcosa come una "razionalità" universalmente valida.[3]

Forse solo ora ci stavamo rendendo conto delle conseguenze di questa fine delle grandi narrazioni sul piano della nostra vita concreta, e mi sembrava anche che da un paio di anni potessimo osservarle in tempo reale, assistendo a fenomeni in parte auspicabili e in parte minacciosi. Come la messa in discussione del patriarcato e delle rigide definizioni di genere, per esempio, o il venir meno di una responsabilità collettiva e di un agire sociale basato sul pensiero scientifico o, ancora, la perdita di fiducia nella democrazia.

Per Lyotard, la fine delle grandi narrazioni chiamava in causa anche quel "soggetto autonomo" che poteva fare riferimento a certezze evidenti e che sapeva distinguere tra ciò che era giusto e ciò che invece era da considerare sbagliato, basandosi su verità condivise da tutti. Al suo posto vedeva profilarsi individui ripiegati su sé stessi, chiamati a trovare la propria strada in mezzo a tanti "piccoli racconti". Tanti io in cerca, che affrontano il cambiamento radicale dei tempi conducendo una vita all'insegna di certezze perdute e del bisogno di nuove sicurezze. In quest'immagine degli "io" in cerca, mi ritrovavo pienamente.

L'ultima grande narrazione che, almeno in parte, è riuscita a sopravvivere a questo cambiamento epocale è forse quella dell'amore romantico. Certo, il tema dell'ordine divino o naturale dei generi, di cui per molto tempo questa grande narrazione ha fatto parte, ce lo stiamo lasciando alle spalle, e anche la nostra idea di amore sta cambiando. Sociologhe come, per esempio, Eva Illouz hanno descritto questi cambiamenti, mettendoli in relazione con fenomeni quali la mercificazione dei sentimenti, la capitalizzazione dei corpi e, più in generale, con tutta l'economia dell'attenzione che spinge a cercare sempre di più e sempre di meglio, facendo leva sulla sfera emotiva.[4] Eppure una certa idea di amore continua a esercitare la sua forza, rimanendo al centro delle fantasie collettive e saldamente ancorata all'orizzonte delle nostre aspettative personali. L'amore continua a essere ciò che la maggior parte delle persone desidera, ciò in cui spera, la parte essenziale di ciò che intende per felicità. Per la maggior parte di noi una vita senza l'intimità dell'amore risulta incompleta, non del tutto realizzata, una vita in cui manca qualcosa.

Oggi l'infelicità viene spesso considerata come un fallimento personale, anche se potrebbe benissimo essere una reazione del tutto commisurata al mondo e alla società in cui viviamo. Anche l'assenza di una relazione amorosa viene di norma considerata come un fallimento individuale, frutto di una scarsa attrattività, di un mancato successo economico o di una certa fragilità psichica. Sono supposizioni che aleggiano nell'aria, colpendo ovunque le persone che vivono da sole, che le percepiscono negli sguardi degli altri, nella loro compassione, nel loro imbarazzo o nella malcelata soddisfazione di avere una vita migliore.

Forse è proprio a causa di questa percezione che sappiamo ancora poco della quotidianità e della disposizione mentale di chi vive da solo. Come dimostra la psicoterapeuta Julia Samuel nel suo *This Too Shall Pass*, la ricerca psicologica si è finora concentrata soprattutto sulle coppie. Sono invece quasi del tutto assenti studi sul modo in cui si affronta la vita da soli, cosa sorprendente se si pensa che oggi più che mai si viene incoraggiati a mettere sé stessi al centro della propria progettazione esistenziale.[5] Autonomia individuale e autorealizzazione sono diventati ideali collettivi.[6] Il ventaglio dei diversi modelli di vita si è di conseguenza allargato, mentre i legami familiari tradizionali si sono allentati. I matrimoni e le relazioni classiche sono spesso più brevi e meno solidi che in passato. Il numero di persone che oggi vivono da sole è più alto che mai.[7] Persone come me. Molte e molti di noi non hanno trovato un o una partner, non hanno fondato una famiglia, pur avendolo un tempo desiderato. Molti di noi si sono allontanati, per scelta o senza volerlo, dalla grande narrazione dell'amore, anche se magari continuano a crederci.

Da soli o in coppia, tutti avvertiamo un bisogno di vicinanza che cerchiamo di soddisfare. Sebbene non fossi in grado di spiegarlo, quando stavo da Sylvia e dalla sua famiglia sul lago di Liepnitz avevo la sensazione di non essere così confinato negli spazi del mio io e della mia vita. Diversamente da quello che avevo temuto prima del loro trasloco, trascorrevamo molto tempo insieme. Nei fine settimana in cui ci dedicavamo a faticosi lavori in giardino, la sera avevamo l'abitudine di sederci attorno al fuoco per condividere un piacevole senso di stanchezza, oppure ci ritiravamo in cucina per preparare da mangiare, chiacchierare o convincere Lilith ad assaggiare ogni tanto anche un po' di verdura e giocare a carte con lei. Per calmare le onde interiori, basta circondarsi della compagnia di persone che conosciamo bene e di cui ci fidiamo.[8]

Il progetto del giardino costituiva una sorta di ulteriore capitolo dell'amicizia tra me e Sylvia, la continuazione di una lunga storia che stavamo scrivendo assieme, una storia con alti e bassi, fasi più intense e nuovi inizi. Conosco Sylvia da quando ho dodici anni. Insieme abbiamo studiato per le verifiche di fisica e di storia, insieme andavamo al lago oppure, la sera, a divertirci nella prima cittadina un po' più grande della nostra. È stata la prima persona cui ho detto di essere gay. All'età di diciannove anni abbiamo girato l'Italia per sei settimane con tanto di attrezzatura da campeggio sulle spalle, facendoci le canne sulle spiagge della Calabria, scompisciandoci dalle risate e flirtando entrambi con un violoncellista che ci aveva concesso un concerto privato nella casa dei suoi genitori circondata da alberi di aranci e limoni. Insieme abbiamo condiviso la nostra prima casa a Berlino. Più tardi, quando sono andato a vivere a New York, ai miei rientri in Germania Sylvia mi ospitava nella sua casa nel quartiere di Kreuzberg. Ho potuto prendere Lilith in braccio a pochi giorni dalla sua nascita, e tenerla a battesimo qualche tempo dopo.

Sylvia era una delle poche persone che non solo sapeva chi fossi, ma anche chi ero stato due o addirittura vent'anni prima. Tutti cambiamo, ci trasformiamo in continuazione, e senza volerlo, dimentichiamo chi siamo stati una volta. Abbiamo bisogno degli altri proprio perché ci preservino da questo.

Quando si vive da soli, sono spesso le amicizie come quella con Sylvia a costituire il centro dell'esistenza. Molte delle mie amicizie sono durate più delle mie relazioni importanti, tanto da essere la fonte dei miei conflitti più profondi, come anche di grande felicità. Alcune di queste amicizie si basano su interessi comuni, su abbonamenti condivisi per i Berliner Philharmoniker o per l'opera, sullo scambio di consigli di letture o di mostre da visitare. Con alcuni amici e amiche faccio viaggi, con altri trascorro le festività coltivando un rapporto quasi familiare. Con alcuni di loro l'amicizia è così lunga che quando ci chiedono da quanto tempo ci conosciamo, l'unica risposta possibile è un sorriso imbarazzato. Altre amicizie sono invece recenti. La mia amica più anziana ha più di settant'anni, quella più giovane venticinque. Sono amicizie che strutturano la mia vita, sono amiche e amici con cui la condivido.

Il grande racconto dell'amore romantico è oggetto di così tanti libri, film e modelli di spiegazione teorici che tendiamo a trascurare altri racconti di vicinanza e intimità, o comunque a non dar loro l'importanza che meriterebbero. Anche quando non si stabilisce una relazione duratura, anche quando non fondiamo una famiglia, anche quando attraversiamo la vita da soli, quasi sempre coltiviamo amicizie. E, come sottolinea la filosofa Marilyn Friedman, per molti di noi queste amicizie rappresentano i legami più duraturi, gratificanti e incontestabili di tutti i rapporti personali.[9]

Le amicizie sono gli unici rapporti che si basano su scelte volontarie e sul reciproco accordo di due persone di intrattenere uno scambio di varia intensità, di passare del tempo insieme e di esserci l'una per l'altra. Le amicizie non si acquisiscono per nascita, come accade con i rapporti familiari, che implicano i loro rituali e doveri. Di solito non conoscono nemmeno le pretese di esclusività proprie dei rapporti d'amore, come neanche l'imperativo del desiderio che caratterizza questi ultimi. Le amiche e gli amici li scegliamo in base a quello che sono e, seguendo lo stesso criterio, loro scelgono noi.

Gli odierni rapporti di amicizia rivelano spesso un altro tipo di urgenza rispetto alle relazioni d'amore. Lo spiega la sociologa Sasha Roseneil, secondo la quale le amicizie rientrano oggi tra le pratiche di autoriparazione, nella misura in cui possono aiutare a «curare le ferite dell'Io» e ad affrontare «vuoti dell'anima, delusioni, sofferenza psichica e perdite». Le amicizie possono impedire che crolli psicologici e relazioni naufragate pregiudichino del tutto la nostra vita affettiva.[10]

Ciononostante, la parola amicizia evoca qualcosa di diverso in ciascuno di noi, ed è interessante osservare quanto possano essere varie le forme di relazione che siamo soliti chiamare amicizia.[11] Stando alle più recenti ricerche sociologiche, queste varianti non vanno considerate come un unico tipo di relazione ma piuttosto come una «famiglia di astratte forme relazionali», un «intreccio di forme sociali tra cui esistono vari gradi di affinità».[12] Lo spettro di queste modalità di interazione va da conoscenze passeggere a relazioni intime che durano anni. Ci sono persone con una vasta cerchia di amicizie e altre che di amici ne hanno pochi. C'è chi tende a riempire la propria vita con rapporti intensi, distinguendo nettamente tra amiche e amici veri e conoscenti, e chi invece mescola le varie forme di amicizia cercando di compensarle tra di loro a seconda delle necessità. C'è chi si affida ad amicizie di lunga data e chi cambia la propria cerchia di amici a ogni nuova fase della vita.[13] Il segreto dell'amicizia sta proprio nel suo essere una forma relazionale sfaccettata, che racchiude tante modalità al suo interno.

Può darsi che tendiamo ad attribuire meno importanza alle amicizie rispetto ai rapporti familiari e ai legami romantici proprio perché è così difficile definirle. Solo l'amore può pretendere per sé un grande racconto, le amicizie si prestano piuttosto a racconti piccoli, tante piccole narrazioni che mal si adattano a schemi predefiniti.

Vivere da solo non è mai stato un mio sogno. E tanto meno ho mai pensato che fosse l'amicizia e non la relazione a due, vale a dire la famiglia, la massima espressione di vicinanza. Eppure la mia vita mi piace, mi piacciono le molte persone di cui sono circondato, mi piace l'appartamento in cui vivo, con il terrazzo straripante di piante, mi piace avere tempo per viaggiare, per organizzare pranzi e cene a casa, per fare lunghe camminate. Mi piace che nella mia vita ci sia lo spazio per progetti come quello del giardino sul lago di Liepnitz. Anche se non ho una relazione amorosa, la vita mi appare spesso piena. Eppure, nonostante tutto, rimane un vuoto, un residuo di nostalgia. Ogni tanto provo per qualche istante il desiderio di avere un partner, qualcuno con cui rilassarmi nei fine settimana, qualcuno che la mattina si svegli accanto a me e la sera mi chieda com'è andata la giornata, qualcuno cui dire quando rientro a casa, qualcuno che mi prenda tra le braccia quando sono triste. Spesso mi chiedo se non mi manchi qualcosa di fondamentale, benché non riesca ad ammetterlo. Mi chiedo se sono ormai così abituato a vivere da solo da non fare caso alla solitudine. E se il fragile equilibrio della mia vita fosse basato sulla rimozione di un desiderio di cui non sono consapevole?

Riferendosi alla famosa frase di Joan Didion «ci raccontiamo delle storie per vivere», Maggie Nelson afferma che per quanto queste storie possano «forse aiutarci a vivere, allo stesso tempo ci rendono prigionieri». Secondo Nelson, «rincorrendo il senso là dove non c'è, le storie distorcono la realtà, omettono, mistificano, biasimano, glorificano, limitano, tradiscono, idealizzano».[14] Non sono certo che abbia ragione, penso però che non dobbiamo smettere di chiederci se le storie che ci raccontiamo vadano ancora bene. Talvolta è il caso di lasciarle andare e raccontarcene di nuove.

C'era un punto debole in tutte le spiegazioni che mi davo sul mio essere solo: mi riferisco alla tesi della mia presunta passività, che tendevo a sostenere, facendo credere che le cose mi fossero sempre cadute addosso. E se invece l'avessi cercata io la vita da solo? O quantomeno una parte di me su cui mi soffermo malvolentieri? Quella parte che teme le ferite che le relazioni sempre comportano, che vuole evitare le lunghe depressioni che seguono alla loro possibile fine e che non può sopportare i compromessi e gli screzi della quotidianità. Quella parte insomma che non si concede a molte persone. Forse vivevo da solo perché lo volevo.

Ma è possibile vivere bene da soli, senza un legame romantico? Il nostro bisogno di intimità può essere colmato dalle amicizie? Quanto solido può essere un tale modello di vita? E come affrontare quel momento in cui la maggior parte delle nostre amiche e degli amici trova una o un partner, per cui ci si ritrova con la sensazione di essere soli anche con la propria solitudine? In altre parole, come si impara a convivere con il proprio essere soli, senza che faccia male, senza doversi per forza raccontare delle bugie?

A queste domande non trovavo una risposta.

Abbiamo continuato con i lavori di giardinaggio fino all'arrivo dell'inverno. Dopo aver sradicato le tuie, liberando grosse porzioni di terreno, ne abbiamo destinato alcune parti al prato, altre ai fiori e altre ancora a nicchie per aiuole rialzate e alberi da frutto. Abbiamo poi bonificato il terreno, piantando tutto intorno alberelli di biancospino profumato, cespugli di lillà, arbusti di Weigela, piante di Amelanchier, alberi di sambuco dalle foglie rosse, alberi di amolo e il classico gelsomino rampicante. Il giardino lo abbiamo riempito di un'infinità di bulbi: tulipani selvatici, narcisi dei poeti, fiori di pushkinia, bucaneve, crochi, anemoni invernali, ellebori, rose quaresimali, nontiscordardime del Caucaso, graminacee, felci, finocchio selvatico, perovskie rigogliose, astilbe amanti dell'ombra e molte altre robuste piante perenni.

Queste fatiche ci trasmettevano sensazioni positive. Come sostiene lo studioso Robert Harrison nel suo libro *Giardini*, gli esseri umani non sono fatti per fronteggiare la violenza, la morte e la sofferenza infinita della storia dell'umanità, e allora, per sfuggire al tumulto dei tempi, creano giardini. Sentiamo il bisogno di coltivarli – questa è la sua tesi – proprio perché veniamo gettati nella storia. Ne abbiamo bisogno per ritrovare la nostra forza curativa, per restare umani.[15] Quando si coltiva un giardino, non si hanno certezze su quello che riserba il futuro, non si sa che aspetto avrà quel giardino dopo qualche mese, anno o anche decenni dopo, non si sa se quello che viene seminato e coltivato crescerà e fiorirà. Si pongono le fondamenta di qualcosa, annaffiando, concimando ed estirpando, e si impara a lasciar andare e a convivere con i contraccolpi.

Forse è proprio per questo che i rapporti di amicizia si coltivano soprattutto quando si vive da soli: per non perdere l'aggancio con la realtà, per opporsi al passare del tempo e al dilagare dell'entropia, per darsi la possibilità di un'altra alba. Le amicizie non sono forse anche esercizi di fiducia, di accettazione, di capacità di lasciar andare? Non aiutano forse a prefigurarsi quel futuro che facciamo fatica a immaginare nell'opprimente realtà del mondo, o almeno a non perdere la sensazione che un futuro ci possa essere e che quello che facciamo conta, fosse anche solo minimamente? Ci credevo davvero, o semplicemente ci volevo credere?

THE KINDNESS OF STRANGERS

Esistono vari tipi di orgoglio. Alcuni sono salutari, altri possono rappresentare un ostacolo quasi irremovibile nella vita. Mi capita di rado di essere orgoglioso del mio lavoro, a prescindere dalle fatiche che comporta o dai risultati raggiunti. Preferisco non leggere più i miei testi dopo che sono stati pubblicati, oppure attendo qualche anno prima di farlo, il tempo di avere la sensazione che siano stati scritti da qualcun altro Quasi mai riesco a essere pienamente orgoglioso della vita che mi sono costruito, anche se so di aver raggiunto molte delle cose che mi ero prefissato, e anche se so che ogni tanto mi farebbe bene provare un po' di orgoglio, se non altro in segno di gratitudine.

In compenso, però, conosco bene le forme negative dell'orgoglio, quelle che tengono in scacco il nostro mondo interiore, impedendoci di rivelare agli altri come ci sentiamo. Quelle che ci suggeriscono di ignorare le difficoltà, di guardare e andare sempre avanti, di mantenere il controllo. Nei momenti di difficoltà questo atteggiamento può anche aiutarci a stare a galla, così almeno mi pare, ma a un certo punto lo sforzo di controllare tutto si trasforma in una seconda pelle che ci opprime. Diventa difficile dire persino a sé stessi come si sta veramente, mentre si persevera nell'esercizio della rimozione. In questo modo, le cose che non affrontiamo, pur essendone consapevoli, si accumulano. Così tanto che la pressione di questa consapevolezza diventa dolorosa.

E se invece il mio orgoglio fosse tale da impedirmi di confessare a me stesso che questa vita da solo mi pesa molto di più di quel che penso? Che ne soffro più di quanto sia in grado di ammettere e che in realtà vorrei una vita diversa? In altre parole, sono così orgoglioso da non riuscire ad ammettere che talvolta soffro di solitudine?

Sfogliando i libri della mia libreria che di tanto in tanto riprendo in mano, mi imbatto in passi sottolineati in passato: «Oggi gli sembra di scrivere più allo scoperto [...]. Questo lo dice senza l'infatuazione che può accompagnare le dichiarazioni d'indipendenza, e senza la posa di tristezza che si assume nel confessare una solitudine».[1]

Le frasi arrivano da *Barthes* di Roland Barthes. Devo averle sottolineate molto tempo fa, eppure ho la sensazione di leggerle per la prima volta.

Mentre risfoglio *Bluets* di Maggie Nelson, tra le sue riflessioni sulla fine di una storia d'amore e il potere di attrazione del colore blu, mi attende, evidenziato in un rosa fluorescente ormai sbiadito, il seguente pensiero: «Da tempo ormai cerco di trovare dignità nella mia solitudine. Ho capito che per me è una cosa difficile».[2] Ci sono tre punti esclamativi accanto alla frase evidenziata. Deve esserci stato un tempo in cui mi identificavo con lo stile laconico di Nelson. Lo faccio tuttora?

E infine, prendendo in mano *Scrivere*, il saggio di Marguerite Duras sulla solitudine di chi scrive, trovo questi pensieri: «Non appena l'uomo si ritrova solo precipita nell'irragionevolezza. Io penso questo: penso che una persona che può contare solo su sé stessa sia quasi inevitabilmente segnata dalla follia, perché nulla la protegge dall'esplosione del proprio delirio».[3] Rileggendo queste righe, sento aumentare i battiti del mio cuore. Onde involontarie di identificazione si propagano tra moti di resistenza. Mantenere il controllo, guardare avanti.

Non avevo nessuna voglia di andare in Svizzera. Mi era stata offerta una residenza letteraria di tre settimane in un albergo di Lucerna e, senza pensarci troppo, avevo detto di sì. Avevo bisogno di tempo per scrivere, non conoscevo ancora la zona attorno al lago di Vierwaldstätter e il solo pensiero di poter sfuggire al grigiore del gennaio berlinese mi trasmetteva sensazioni positive. Eppure, ora sentivo di non averne più così tanta voglia. Non mi andava di incontrare altre persone e nemmeno di lasciare casa mia.

Uno dei motivi per cui la proposta della residenza mi aveva solleticato era legato al romanzo *Hotel du Lac* di Anita Brookner, che avevo letto qualche mese prima e che era diventato uno dei miei libri preferiti. Lo stesso era accaduto a un amico inglese e, nelle nostre conversazioni, tornavamo spesso a questo libro dei primi anni Ottanta. È la storia di Edith Hope, autrice di romanzi d'amore, che vive a Londra e che, spinta dalle amiche, si reca in un elegante albergo vecchio stile sul Lago Lemano, con l'obiettivo di chiudere una relazione rischiosa e sconveniente con un uomo sposato. Si tratta di un libro sorprendente che disattende le comuni narrazioni romantiche, incentrando la storia su una protagonista che mette in discussione il proprio status sociale di donna quasi quarantenne che vive da sola. Non saprei dire perché un omosessuale si appassionasse così tanto a una trama del genere. Probabilmente per quell'ambiguità di fondo che la caratterizza e anche perché riesce a descrivere con raffinato umorismo le svariate forme di esclusione che una società basata sull'istituzione del matrimonio comporta. Per quanto si dichiari triste e debole, Edith è una donna incredibilmente forte, capace di ritagliarsi uno spazio di libertà individuale in una società che a lei assegna spazi ben delimitati. Traevo ispirazione da quella storia, e spesso mi trovavo a pensare al soggiorno di Edith in quell'albergo elegante, immaginando il grande lago svizzero che lo circondava e le cime innevate all'orizzonte.

Mi è sempre piaciuta la Svizzera. Per motivi di lavoro mi reco a Zurigo una o due volte all'anno. A Ginevra ho scritto parti del mio secondo libro. Ho trascorso un'estate a Lucerna, con David, il mio compagno di allora. Qualche anno più tardi un altro uomo mi aveva invitato a St. Moritz, dove, sfidando la neve, siamo andati a mangiare da un collezionista d'arte nella cui casa era esposto il più grande quadro di Basquiat che avessi mai visto. Sono stato a Basilea per scrivere della fiera dell'arte, e anche nel Canton Vallese, ospite di un festival letterario.

Ogni tanto mi sembrava che la Svizzera fosse la realizzazione di quelle promesse pubblicitarie televisive degli anni Ottanta di cui subivo il fascino da bambino. Tutto era così pulito e misurato, anche lo stesso progresso sembrava trasmettere l'idea di uno splendore ordinato proprio di un certo benessere. Queste erano le mie sensazioni, sebbene fossi consapevole che si trattava di un'idealizzazione assai poco attendibile.

Avrei dovuto immaginare che mi sarebbe pesato partire per quel soggiorno, perché in quel periodo dell'anno tendo a non stare bene. Qualche settimana prima era tornata a farsi sentire quella sensazione che puntualmente mi pervade a fine anno. Succede quando le giornate si accorciano così tanto da costringermi a lasciare la scrivania verso le tre del pomeriggio per riuscire a carpire ancora un po' di luce con una passeggiata nel parco. Succede quando l'inverno si annuncia e sento avvicinarsi il mio compleanno a ridosso di Natale, cui seguono le feste, il cambio dell'anno e i successivi mesi di buio che sembrano non finire mai. In quel periodo sento più che mai che vivo da solo.

Tutto inizia con una sensazione vaga, una certa inquietudine nel corpo, un desiderio cui non riesco a dare un nome, un bisogno che fatico ad afferrare. Quando comincio ad avvertirli, lavoro più del solito, faccio camminate più lunghe in città, vado più spesso a teatro o al cinema, inizio un romanzo senza mai finirlo, cerco i regali di Natale perfetti per i miei figliocci, preparo marmellate di arance, clementine e limoni Meyer, che poi regalo, sforno panettoni e pandolce per amiche e amici, mangiandone io stesso più del dovuto. Per un paio di anni avevo anche iniziato a decorare l'albero di Natale già nel periodo dell'Avvento, caricandolo in maniera ossessiva di palline scintillanti e di addobbi, tanto che alla fine assomigliava a uno di quei lussuosi abiti parigini che si vedono nei quadri di John Singer Sargent o di James Tissot. Oggi quegli addobbi sono ammucchiati nel ripostiglio di casa.

Qualche volta questo eccesso di attività aiuta, altre volte si trasforma in una costrizione, diventa qualcosa di maniacale che minaccia di tramutarsi in uno stato psichico che, pur non essendo depressivo, apre la strada alla depressione. Se non faccio attenzione, questo stato può diventare così dominante da condizionare la mia vita per settimane o addirittura mesi. In questa fase tutto appare fragile. Le illusioni che per la maggior parte dell'anno mi tengono a galla cominciano a sgretolarsi. Le dimenticanze intenzionali, su cui si basa la vita della maggior parte di noi, svaniscono. Non trovo modi migliori per descrivere questo stato. Per me è come se venisse meno un'importante fantasia, e allora smetto di credere che la vita da solo sia una buona vita.

La fantasia di una buona vita non appartiene solo alla sfera individuale, ma è un costrutto collettivo che molti condividono, una finzione che continua a essere messa in scena e rappresentata sul piano sociale, da noi e dalle persone che amiamo. Persino quando tentiamo di abbandonarla, dobbiamo continuamente fare i conti con le tracce che lascia in noi. Parte di questa finzione si nutre di un complesso fantasma di benessere, che ci fa credere che, lavorando, possiamo assicurarci un buon guadagno e che dunque con il giusto impegno sia possibile raggiungere una certa prosperità. In questa fantasia rientrano poi una solida relazione d'amore e la fondazione di una famiglia, due aspetti che possono avere ancora più peso, dal momento che si tende a considerarli come geneticamente appartenenti alla nostra vita sociale e dunque non vengono quasi mai messi in discussione.

L'ideale della buona vita rappresenta un proposito cui restiamo aggrappati nonostante numerosi schiaccianti indizi ci dicano che con ogni probabilità non riusciremo a realizzarlo. Stando alla filosofa americana Lauren Berlant, si tratta di una fantasia che mette in difficoltà molte persone, perché nelle società odierne spesso non è affatto possibile condurre quel tipo di vita. Berlant descrive questo fenomeno con il termine "cruel optimism", ottimismo crudele, riconoscendovi uno dei tratti distintivi dei tempi.[4] A volte, scrive Berlant, la nostra vita quotidiana assomiglia a un training di sopravvivenza in cui non è più possibile programmare un futuro, ma semmai solo fantasticarlo.[5] Più che di una patologia, si tratterebbe di un'adeguata reazione al mondo di oggi, per rendere più vivibile una vita che non smette di metterci di fronte a contraddizioni, difficoltà e ambivalenze.[6]

Il buio che puntualmente si ripresenta dentro di me verso la fine dell'anno dipende in gran parte dal fatto che il mio crudele ottimismo interiore crolla nel momento in cui noi tutti come società ci apprestiamo a celebrare con ebbrezza il mito della buona vita. A quel punto mi sento un fallito. Perché non ho un partner, perché la mia vita di scrittore è spesso segnata dall'incertezza economica. Ovunque guardi, mi si dice che devo riuscire a cavarmela senza le due componenti pressoché essenziali della fantasia della buona vita, vale a dire benessere e felicità in amore. In quei momenti capisco quanto è terribile insistere con la fiducia che un giorno le cose possano cambiare. Non mi sento mai così solo come alla fine dell'anno.

Questa solitudine non dipende affatto dal modo in cui trascorro le festività. Anche quell'anno avevo incontrato o comunque ero stato in contatto con amiche e amici, con i miei genitori, le mie sorelle e mio fratello. La sera della vigilia l'avevo trascorsa, come spesso faccio, con Marie, una delle mie amiche di più lunga data, con il suo compagno Olaf e il loro figlio John, di cui sono padrino. Il giorno di Natale l'ho passato in compagnia di Amy e Daniel, che mi avevano invitato a un pranzo messicano, che brulicava di bambini, mentre a cena ero stato da Karsten e Harriet. La notte di Capodanno ero andato a una festa da Rabea e David. Il mio senso di solitudine prescinde dunque dal fatto che io sia solo o meno. Si tratta piuttosto di una solitudine stagionale, sintomo di un momento in cui non riesco a riconoscere qualcosa di cui di solito sono ben consapevole: ovvero di vivere una vita che per quanto possa non apparire buona nel senso convenzionale del termine, è ricca e realizzata, piena di altre forme di benessere e di amore.

Credo che molte persone che vivono da sole condividano questo stato d'animo. Non appena si accendono le prime luminarie natalizie, scatta una dinamica psichica cui difficilmente si può sfuggire. D'istinto si avverte la sensazione di attraversare un mondo che appartiene ad altri, a quelli che amano, alle madri e ai padri, ai nonni. Roland Barthes ha descritto questa sensazione come una forma di "solitudine filosofica", una solitudine che deriva dal muoversi al di fuori di sistemi e categorie sociali: «Non dialogo più con nessuno», scrive nei *Frammenti di un discorso amoroso.* «Al contrario, la società mi ha coscientemente rimosso: nessuna censura, nessun divieto: sono semplicemente escluso, tenuto lontano dalle cose umane per mezzo di un tacito decreto sull'insignificanza, di cui sono vittima: non faccio più parte di alcun repertorio, non ho più un luogo in cui rifugiarmi.»[7]

Nonostante questo mio stato d'animo decisi di partire per il lago di Vierwaldstätter. Mi era costato una fatica enorme prepararmi per quel viaggio, fare i bagagli e chiedere a Tim, il mio vicino di casa, di svuotare di tanto in tanto la cassetta della posta. Magari poi quel soggiorno mi avrebbe anche fatto bene, pensavo.

L'albergo, il cui nome era Beau Séjour, si trovava direttamente sul lago ed era ancora più incantevole di quel che mi ero immaginato. I due proprietari avevano fatto di tutto per rendere il luogo all'altezza del nome. La loro generosità mi commuoveva. Mi avevano destinato un piccolo studio e una stanza con vista sul lago e sui monti. Al risveglio potevo osservare l'alba dal letto. Quando uscivo sul balcone per fumare – dopo aver ripreso quattro anni prima, non ero ancora riuscito a smettere –, vedevo i grandi battelli a vapore bianchi avanzare sull'acqua quieta, e poi il cielo d'inverno ebbro di sole e le cime innevate dei monti Pilatus, Bürgenstock e

Rigi, e non riuscivo a capacitarmi di quanto bello potesse essere il mondo, di quanto straordinario fosse. Era una consolazione enorme.

Non so come né perché, ma con mia grande sorpresa, una volta lì, iniziai a fare lunghe camminate. Dev'essere stata la quotidiana esposizione alla vista di quel paesaggio incantevole ad attivare in me il bisogno di uscire e cercare il contatto con i monti, i boschi, la neve. Probabilmente aveva anche a che fare con il nuovo virus pericoloso che in quel periodo era stato scoperto a Wuhan, in Cina. Ogni giorno arrivavano notizie di persone che erano morte, prima centinaia, poi migliaia, come conseguenza delle polmoniti causate da quel virus. Per quanto Lucerna sembrasse essere ancora al riparo e la preoccupazione fosse modesta, non riuscivo a scacciare del tutto la paura. Avevo bisogno di qualcosa che placasse la mia preoccupazione, accarezzasse i nervi e mi desse la sensazione di essere davvero vivo.

Investii parte della borsa di studio in robusti scarponi da montagna, maglie in lana merino e una buona giacca a vento. Trovai una commessa gentile che, oltre a consigliarmi sentieri innevati, mi indicò anche qualche percorso più semplice che mi avrebbe permesso di capire innanzitutto fino a dove mi potevo spingere.

Credo che molte scrittrici e scrittori condividano la passione per le camminate perché quell'attività è un efficace strumento per contrastare gli stati bui in cui la scrittura fa precipitare. I grandi depressi della storia della letteratura erano spesso anche appassionati camminatori. La lista degli autori e delle autrici che tenevano su l'umore camminando nella natura è lunga: William e Dorothy Wordsworth, Henry David Thoreau, Robert Louis Stevenson, naturalmente

Goethe, Rousseau, Nietzsche e molti altri. Michel de Montaigne amava percorrere il paesaggio idilliaco del Périgord senza avere una meta ed evitando contatti con altre persone. Virginia Woolf, la romanziera più dotata, la camminatrice più dotata e purtroppo anche la depressa più dotata di tutti, trovava la sua salvezza sulle vette del Sussex e lungo le ripide pareti della Cornovaglia. Come scrisse una volta, lasciata la «solitudine della propria stanza», solo camminando poteva liberarsi dall'Io.[8] Sapevo benissimo cosa intendesse. Woolf non era alla ricerca di sé. Quando non si sta bene, camminare non è un modo per trovare sé stessi, o per lo meno non lo è sulle prime, ma piuttosto un tentativo di sfuggire a sé stessi.

Capii presto che non c'erano luoghi migliori per fuggire da sé dei monti attorno al lago di Vierwaldstätter. Iniziai con camminate di tre, quattro ore. Sia per il corpo sia per la mente si trattava di sfide più grandi di quanto immaginassi. Il concetto di altezza che avevo come tedesco del Nord si tramutava nelle Alpi in un lieve senso di disagio. Mi capitò di trovarmi in un paio di situazioni così difficili e tecnicamente complicate da non saper più come procedere, ma alla fine sono riuscito a portare a termine tutte le escursioni. In alcuni casi mi ero fatto aiutare da altri escursionisti incontrati lungo il sentiero, i quali mi avevano spiegato come affrontare discese fatte di scalini ripidi scolpiti nella roccia oppure pendii stretti che sembravano sorretti soltanto da qualche radice di albero che spuntava dal terreno. In altri casi, ero stato io a trovare una via, dopo essermi concesso una pausa.

Di lì a poco iniziai a destinare ogni giornata libera alle camminate in montagna, percorrendo man mano tutti i tratti semplici e accessibili del sentiero che circonda il lago di Vierwaldstätter. Prendevo un battello per raggiungere il punto di partenza di uno di questi percorsi e mi mettevo in cammino, per ore, programmando i tempi sempre in modo tale da riuscire a prendere l'ultimo battello per Lucerna prima che diventasse buio. Avevo male ai muscoli e dolori di tutti i tipi ai piedi, alle gambe, alla schiena e alle braccia, ma ciononostante dopo uno, due giorni trascorsi alla scrivania, riprendevo con le camminate. Raggiunta una certa altezza, la luce del sole si faceva più intensa, era un inno alla vita, che assieme all'aria gelida, alla neve e al freddo sferzante mi rendevano euforico, trasmettendomi un tale senso di libertà che mi scordavo della vita berlinese. Quando l'unica occupazione consiste nel mettere un piede davanti all'altro, il pensiero sembra cercare altre strade. Corpo, spirito e mondo trovano un modo di interagire diverso dal solito, s'intrattengono per altre vie. Nasce un ritmo del pensiero tutto nuovo, cadenzato dagli stessi passi, dal paesaggio e dal respiro.[9]

Di camminata in camminata mi facevo sempre più temerario. Ogni volta gustavo la bellezza del paesaggio, ogni volta toccavo con mano i miei limiti fisici e affrontavo la solitudine nell'immensità della natura, ogni volta mi sembrava di riuscire, almeno per qualche istante, a vedere le cose in maniera nuova e diversa. I movimenti del corpo riportavano alla memoria avvenimenti risalenti ad anni prima, che credevo di aver dimenticato da tempo. Tutto sembrava acquisire contorni più ampi e più nitidi. Il lavorìo dentro di me era incessante. Senza rendermene conto, riflettevo in continuazione su di me e sulla vita. I monti erano così grandi e io così piccolo e così libero da tutto quello di cui era fatta la vita quotidiana. In quei momenti capivo la passione che anima i camminatori, e a ogni nuova uscita la riprovavo.

Presto iniziai a sentirmi meglio. Le camminate avevano sicuramente contribuito a questo miglioramento, come anche il lusso di avere una stanza con vista e uno studio tutto per me solo per lavorare, senza contare il fatto di non dovermi occupare delle incombenze quotidiane durante quel soggiorno in albergo. Con mia grande sorpresa però un ruolo decisivo per il mio stato d'animo lo ebbero le persone che lavoravano nell'albergo Beau Séjour. Si trattava infatti per lo più di conoscenti dei proprietari, per cui la vita in albergo trasmetteva un senso di comunità, di famiglia, e nel giro di pochi giorni capii che quasi tutte le persone che incontravo lì mi piacevano, senza necessariamente poterne spiegare il motivo. Si avvertiva una particolare forma di sensibilità, una simpatia spontanea, un'affinità istintiva basata sulla certezza di vedere le cose allo stesso modo, di condividere almeno un paio di coordinate in questo mondo complicato, di provare analoghe simpatie e avversioni. Naturalmente, questa sorta di "legami spontanei", come li chiama Silvia Bovenschen, non sono di per sé affidabili, ma sono belli, proprio perché così fugaci e anche perché segnano a volte l'inizio di un'amicizia.[10]

Anche quelle relazioni che all'inizio non definiremmo intime o strette sono importanti per noi e per il nostro equilibrio interiore. Questo perché la nostra vita non si limita alla cerchia delle amicizie, dei familiari e dei partner, ma include cerchie sociali molto più ampie. Pur essendo spesso piuttosto confuse, queste reti di conoscenze, se così le vogliamo chiamare, esercitano sulla nostra vita quotidiana un influsso ben più grande di quel che immaginiamo.[11]

Il sociologo Mark S. Granovetter è stato il primo ad analizzare questo fenomeno. Nel suo saggio *La forza dei legami deboli*, pubblicato agli inizi degli anni Settanta, Granovetter teorizzò qualcosa che fino a quel momento si poteva tutt'al più intuire: che si tratti di conoscenti, di vicini di casa, di colleghi, di persone con cui i nostri amici e le nostre amiche hanno a loro volta legami di amicizia, o anche solo di gente che incontriamo per caso o in determinate occasioni, tutti questi "deboli legami sociali" hanno un ruolo importante nella nostra vita. Secondo Granovetter le relazioni di questo tipo fungono in un certo senso da ponti, destinati a trasmettere informazioni che altrimenti non potrebbero essere trasmesse.[12] Traendo spunto da questa tesi, diversi studiosi e studiose di scienze sociali hanno dimostrato con quanta facilità idee, mentalità, atteggiamenti, mode, sentimenti ed emozioni, come per esempio la fiducia e la paura, si diffondano in queste reti sociali, e quanta influenza abbiano su di noi senza che ce ne rendiamo conto.[13]

Uno degli atteggiamenti che più mi aveva colpito nell'ambito della mia piccola nuova rete sociale sul lago di Vierwaldstätter era una sostanziale e rispettosa gentilezza, di cui spesso avvertivo la mancanza nella quotidianità berlinese. Non di rado la gentilezza viene vista con sospetto, quasi fosse un'espressione di noia o di falsità. Evoca qualcosa di antiquato, di rigido, di obsoleto, che mal si addice allo spirito neoliberale dei nostri tempi. In effetti, quando all'interno della società la suddivisione tra vincitori e vinti appare come qualcosa di ovvio e scontato, è forse inevitabile che a essere gentili siano solo coloro che hanno necessità di esserlo.

Tuttavia, come spiegano lo psicanalista Adam Phillips e la storica Barbara Taylor nel loro libro *Elogio della gentilezza*, pur avendo acquisito negli ultimi decenni lo status di un piacere proibito, la gentilezza è «fondamentale per la nostra salute emotiva e mentale». Nel loro studio, Phillips e Taylor prendono in considerazione sia la prospettiva di chi riceve gentilezza dagli altri sia quella di chi è gentile nei confronti degli altri, riferendosi a forme di gentilezza del tutto consuete nella nostra quotidianità. Le loro ricerche dimostrano come sia proprio questa gentilezza a essere spesso etichettata come segno di debolezza, con la conseguenza che evitiamo di essere gentili, giustificandoci con tutta una serie di argomenti.[14]

A volte, quando si è in autobus o in metro, si ha la sensazione che quel torrente di commenti carichi di odio e privi di qualsiasi ragionamento che troviamo in rete si sia riversato nel mondo reale. La maggior parte di noi sa quanto possano ferire i commenti sconsiderati, la mancanza di attenzione e le microaggressioni. Eppure, per molte persone essere gentili sembra un'impresa. Quest'atteggiamento può dipendere in parte da questioni culturali e l'essere diretti, per esempio, o dire verità scomode è, per qualcuno, segno di buona educazione. Bisognerebbe chiedersi tuttavia se questa percezione del tutto soggettiva sia sufficiente per giustificare le possibili ferite che il nostro atteggiamento arreca all'altro. Non di rado l'esigenza di dire cose scomode nasconde anche una certa indolenza: non avere voglia di manifestare anche solo un briciolo di empatia. E dire che non è poi così difficile essere gentili. Di norma è una delle prime reazioni istintive che abbiamo incontrando altre persone. Non è difficile mostrare un qualche interesse per il prossimo e prestargli ascolto, non è difficile capire che siamo tutti fragili, che quello che diciamo ha delle conseguenze e che la nostra convinzione di essere nel giusto è spesso errata.[15]

Nella vita ho ferito molte persone, talvolta di proposito, altre volte senza volerlo, solo per mancanza di attenzione. E naturalmente ho subìto sulla mia pelle molte di queste ferite. Non so se riesco a essere gentile sempre, ma almeno ci provo. Non sappiamo quasi mai cosa si nasconda dietro la facciata con cui l'altra persona si presenta a noi, non conosciamo le storie di vita degli altri, non sappiamo quali difficoltà affrontino. Viste da fuori, quasi tutte le persone sembrano più forti di quanto si sentano dentro.

C'era voluto tempo per riprendermi pienamente e smettere di percepire con così tanta intensità quanto fossero crudeli quelle fantasie di buona vita in cui riponevo fiducia. C'era voluto tempo perché le cose di cui non volevo sapere nulla diventassero tali e perché quel meccanismo di autoillusione su cui poggia l'esistenza si attivasse nuovamente. Quel gennaio sarebbe diventato il primo inizio d'anno in cui non mi trovavo a lottare con una fase depressiva. A un certo punto non faceva più male essere solo, e neppure mi sentivo più così solo.

Rientrando da una delle ultime escursioni del soggiorno svizzero, mi sedetti sul ponte esterno del battello che mi riportava a Lucerna. Faceva molto freddo, ma mi avvolsi in una sciarpa calda e rimasi lì a osservare il gioco delle onde, mentre cigni reali, svassi e fistioni turchi planavano sulla superficie dell'acqua, e accanto a me scorrevano monti e paesini con i loro campanili pittoreschi, le case eleganti e i grandi alberghi ottocenteschi che davano l'idea di essere immersi in un'altra epoca. Su uno di questi edifici sontuosi vidi all'improvviso la scritta Hotel du Lac. Il cuore fece un piccolo sobbalzo. Scattai una foto e la mandai all'amico con cui avevo parlato del romanzo di Anita Brookner, sapendo che gli avrei strappato un sorriso. Alla fine del libro, Edith Hope decide di lasciare l'uomo con cui ha una relazione e che con molta probabilità ama. Allo stesso tempo decide però anche di lasciare l'uomo che le propone di sposarla pur senza grandi trasporti amorosi, in cambio di un'altra forma di inserimento e riconoscimento sociale. Edith Hope sceglie la vita e basta.

Vivendo da soli, si incontrano difficoltà che le persone con partner e famiglie non riescono a capire. Certo, anche chi vive in coppia può sentirsi solo, tuttavia la solitudine di chi vive da solo ha tempi e ritmi diversi: cresce per poi scemare, qualche volta la si avverte in maniera acuta per poi dimenticarsene nuovamente o accantonarla per un po', prima di venirne riafferrati un'altra volta. E questo accade sempre, che si viva da soli per scelta o meno, che si abbiano tanti o pochi amici, che la propria vita sia più o meno organizzata. La solitudine fa parte della vita di chi è da solo. Ed è una fatica accettarlo.

È sempre più facile convincersi di non avvertire quel dolore che per orgoglio si preferisce non far vedere, piuttosto che guardarlo in faccia e affrontarlo. Occorre lasciare spazio a tutti i sentimenti, buoni o cattivi che siano, per sentirli, accettarli e viverli. La vita da soli può far male. Qualche volta occorre prendere strade nuove per affrontarla, o almeno aprirsi alla possibilità di nuovi percorsi. Altre volte occorre spingersi al lago o in montagna, lasciarsi accarezzare dal sole d'inverno e affidarsi a tutte le persone gentili che per un po' ci accompagnano lungo la strada. Ricordandosi che non soltanto esistono vari tipi di orgoglio, ma anche vari modi di essere soli. Varie forme di solitudine.

CONVERSAZIONI IN AMICIZIA

Quando tornai a Berlino non sapevo ancora che stava iniziando un periodo che in molti avrebbero percepito come la fine della normalità. Questa fine si era però annunciata già diversi anni prima. Il processo era in corso da tempo, ma ci eravamo così abituati da non coglierne più le dinamiche. Il virus che tanta paura mi aveva fatto a Lucerna si propagava ormai in maniera inarrestabile ovunque e tutti sembravano sorpresi da qualcosa che, in realtà, non avrebbe dovuto sorprendere nessuno se solo si fosse tenuto conto delle notizie sull'infezione, del numero dei contagi e dell'evolversi della malattia in Cina. Stava accadendo qualcosa da cui la scienza ci avevano messo in guardia molto tempo prima, basandosi sui dati relativi alla distruzione degli habitat naturali, agli allevamenti intensivi, alla mobilità globale e al conseguente aumento delle malattie infettive propagate dagli animali.

Pochi giorni dopo il rientro dalla Svizzera mi ammalai. Quello che a prima vista sembrava una normale influenza o un raffreddore, che dopo un esordio acuto mi avrebbe accompagnato per quasi un mese era proprio una normale influenza o un raffreddore. D'inverno ero soggetto a infezioni di questo tipo, e tuttavia quel clima di insicurezza generale e l'impossibilità in quel momento di sottoporsi al test per il nuovo virus mi avevano suggerito la massima prudenza. Rimasi quasi sempre a casa senza incontrare nessuno, se non per qualche breve passeggiata. Con la maggior parte delle persone che facevano parte della mia vita ero in contatto virtuale o telefonico. Quando non lavoravo, passavo il tempo a leggere.

Alcuni dei miei amici e delle mie amiche li conosco da più di vent'anni. Sono amicizie che risalgono per lo più al mio primo corso universitario, quello che ho seguito verso la fine degli anni Novanta all'Istituto di Letterature comparate, la cui sede all'epoca era un'assonnata villa di Berlin-Dahlem, in un quartiere alle porte di Berlino. Se ripenso agli inizi di quelle amicizie, mi rendo conto che quasi sempre possono essere ricondotti a quei legami spontanei che sono stati descritti da Silvia Bovenschen nelle sue riflessioni sul concetto di idiosincrasia e cui si aggiungono inevitabilmente i casi della vita. Per molto tempo ho considerato l'amicizia una questione di identificazione, o di reciproco riconoscimento che scatta durante conversazioni che coinvolgono la sfera emotiva, oppure scambiandosi pensieri e visioni del mondo, da cui si possono avere effetti inebrianti in certe lunghe serate trascorse in compagnia.

Il seminario in cui sono nate molte delle mie amicizie verteva sul tema del narcisismo e del doppio. La lista delle letture obbligatorie incuteva così tanta paura da lasciarci senza parole, non solo perché era molto lunga ma anche perché includeva testi impegnativi. C'erano le *Metamorfosi* di Ovidio, saggi psicanalitici di Sigmund Freud e Jacques Lacan, *Gli elisir del diavolo* di E.T.A. Hoffmann, il *Siebenkäs* di Jean Paul, la *Metamorfosi* di Kafka, un antico dramma francese di cui non ricordo più il titolo perché non lo lessi, e molto altro ancora. E come se non bastasse, tutte le opere di riferimento erano proposte in lingua originale, dando quindi per scontato che Ovidio venisse letto in latino e quel testo teatrale di cui non ricordo il titolo in francese antico. Fatta eccezione per qualche persona dotata di un'incrollabile sicurezza di sé, la maggior parte di noi era disorientata e questo ha contribuito a creare un legame tra coloro che si recavano in biblioteca alla ricerca delle versioni tradotte di quelle opere o dei testi di approfondimento. Tutti noi eravamo appena arrivati a Berlino. Tutto ci sembrava elettrizzante. Era un momento di grandi cambiamenti.

Sono consapevole dell'importanza delle amicizie nella mia vita, ma sono sempre stato piuttosto scettico nei confronti di quelle spiccate forme di celebrazione dell'amicizia cui spesso si assiste negli ultimi anni. Non saprei spiegare il motivo di questo mio atteggiamento. Mi sembra che il mondo editoriale cerchi di assecondare un diffuso bisogno collettivo di occuparsi di benessere interiore e di edificazione di sé attraverso una lunga lista di pubblicazioni: *Vom Glück der Freundschaft* (Sulla gioia dell'amicizia) di Wilhelm Schmidt, per esempio, oppure *Freundschaft, die uns im Leben trägt* (L'amicizia che ci sostiene nella vita) di Margot Kässmann, *Freunde: Was uns verbindet* (Amici: quello che ci unisce) di Heike Faller o, ancora, *Tutto quello che so sull'amore* di Dolly Alderton e *Big Friendship* di Aminatou Sow e Ann Friedman. Anche saggi divulgativi come *Friendship* di Lydia Denworth e *Blueprint* di Nicholas A. Christakis battono sullo stesso tasto, come fanno del resto tutti i testi che riscuotono un incredibile successo offrendo pillole di saggezza sul tema dell'amicizia, tra cui il gran classico di Dale Carnegie *Come trattare gli altri e farseli amici*. Tutti questi libri dicono in fondo la stessa cosa. Sono variazioni sul tema dell'"elogio dell'amicizia", un *topos* nella storia della filosofia e della letteratura. Quasi sempre si ribadisce l'importanza dell'amicizia per la qualità della vita, per la nostra felicità e per il benessere mentale, quasi sempre vi troviamo commoventi rappresentazioni dei risvolti più intimi dell'amicizia.

Queste forme di celebrazione hanno spesso un che di stranamente sdolcinato, non da ultimo perché si limitano a proporre variazioni di un ideale di amicizia che, nel frattempo, si è trasformato in un luogo comune e che nella maggior parte dei casi riflette, come osserva Silvia Bovenschen, un «catalogo di virtù del tutto anacronistiche». Ne fanno parte «la lealtà, la veridicità, la fedeltà», come anche «la discrezione, il rispetto, la distanza, l'indipendenza, il tatto, il gusto (e il catalogo potrebbe essere ulteriormente ampliato)».[1]

Alle amicizie viene di norma assegnato il ruolo di *deus ex machina* terapeutico in grado di risolvere qualsiasi problema esistenziale, quasi fossero un premio di consolazione che si ottiene con facilità e che spetta a chi rimane da solo quando tutti i progetti esistenziali e amorosi vanno in fumo. Una sorta di felicità sostitutiva.

Perché questo *topos* dell'elogio dell'amicizia torna in auge proprio ora? In un momento in cui gli squilibri di fondo nella nostra società si fanno sempre più evidenti, in un'epoca caratterizzata da esperienze contingenti, modelli di vita precari e paura del futuro, in cui i legami interpersonali sembrano estremamente fragili? Questo nuovo inno all'amicizia non potrebbe in fondo essere solo un risvolto di quell'ottimismo crudele descritto da Lauren Berlant? L'espressione di un pensiero in qualche modo magico? L'amicizia non sarà per caso diventata uno di quei fili di speranza cui ci aggrappiamo mentre il mondo attorno a noi crolla?

La maggior parte dei testi elencati si inserisce nella lunga storia culturale dell'idealizzazione filosofica dell'amicizia, che risale ai tempi dell'antica Grecia. Quasi tutti i grandi filosofi dell'antichità ci hanno lasciato in eredità insegnamenti su questo tema, da Platone, Aristotele e Epicuro, fino a Cicerone e Plutarco. Per questi pensatori le amicizie erano parte costitutiva dell'eudemonia, della vita felice, dell'essenza stessa del progetto filosofico.[2] Non è dunque un caso che φιλία, *philía*, l'antica parola greca per amicizia, sia confluita nella parola "filosofia".[3] Come hanno spiegato Gilles Deleuze e Félix Guattari, l'essenza dialogica del pensiero si fonda sul concetto dell'amicizia, che ha posto le basi della contesa filosofica, permettendo allo stesso tempo di gestire la rivalità tra i pretendenti.[4]

Soprattutto i libri VIII e IX dell'*Etica Nicomachea* di Aristotele, scritti nel IV secolo a.C., appartengono a quei testi patrimonio dell'umanità che, come ci si accorge leggendoli, continuano tuttora a esercitare il loro influsso sulla nostra cultura. Aristotele descrisse lì l'amicizia come uno dei grandi doni e dei massimi beni della vita, sorvolando sugli aspetti difficili e oscuri di questa forma relazionale.[5] Come sostiene il filosofo Alexander Nehamas, Aristotele ha in un certo senso posto le fondamenta di una tradizione filosofica. Risale infatti a lui l'idea che l'amicizia sia data quando il benessere di un'altra persona ci sta a cuore tanto quanto il nostro e quando questo atteggiamento di benevolenza è reciproco.[6] Ad Aristotele dobbiamo anche l'idea dell'amicizia o dell'amore verso sé stessi, che nel suo pensiero rappresenta una condizione di fondo per poter stabilire legami di amicizia con altre persone, e che oggi riecheggia nei moderni concetti terapeutici di autoconsapevolezza, rispetto di sé e autostima.[7]

Uno dei pilastri del pensiero aristotelico sull'amicizia è costituito dall'idea di uguaglianza, un'idea che trova espressione in quelle forme di identificazione, talvolta esaltante, che io stesso ho provato ai tempi del primo corso universitario, quando conobbi alcuni degli amici e delle amiche che frequento ancora oggi. A partire dall'*Etica Nicomachea*, l'amicizia viene definita come un rapporto tra pari – tra persone che percepiscono il mondo allo stesso modo, che condividono esperienze di vita e posizioni politiche, persone con assetti psichico-emotivi e trascorsi biografici simili. Secondo Aristotele, la vera amicizia si fonda «sull'uguaglianza e sulla corrispondenza», sulla possibilità di ritrovare noi stessi nell'altro, sulla certezza che l'amico rappresenti un altro sé stesso.[8]

Verso la fine del Cinquecento, Michel de Montaigne ritornò a questo ideale di amicizia, trasportandolo con empatia nell'età moderna. Nel suo saggio *Sull'amicizia*, che rappresenta tuttora uno dei testi più letti e più citati sull'argomento, Montaigne si affanna a trovare una forma adeguata per scrivere della morte del fraterno amico Étienne de La Boétie. La trova affrancando il concetto di amicizia dalla trasformazione cristiana che aveva subìto nel Medioevo e ricollocando le idee dell'amore divino e dell'amore per il prossimo all'interno della relazione a due. Ora è l'intimità dell'amicizia e non più il confessionale a rappresentare lo spazio in cui nulla deve essere taciuto.[9]

In un certo senso Montaigne estremizzò l'aspetto dell'uguaglianza su cui Aristotele aveva fondato il suo concetto dell'amicizia. L'amico è per lui un alter ego, una persona attraverso cui lui stesso prende forma. L'ideale dell'unione, che già Aristotele aveva adombrato, ora trova piena realizzazione: «Nell'amicizia di cui parlo», scrive Montaigne, «le anime si mescolano e si confondono l'una nell'altra, in una fusione così completa da annullarsi reciprocamente e non trovare più la sutura che le ha unite».[10] Questo ideale estatico di amicizia si traduce in un linguaggio dell'amore a dir poco trabordante, cui ricorre descrivendo il suo rapporto con La Boétie: «Le nostre anime si sono accompagnate, si sono contemplate con affetto così ardente e grazie a questo affetto si sono rivelate l'una all'altra sin nel profondo delle viscere, che non solo io conoscevo la sua come mia, ma volentieri avrei preferito affidarmi più a lui che a me stesso».[11]

Ricorrendo a un'immagine di Derrida, Aristotele e Montaigne potrebbero essere definiti due potenti terremoti nella storia del pensiero sull'amicizia.[12] Due terremoti che hanno predisposto il terreno su cui ancora oggi ci muoviamo nel modo di pensare l'amicizia e di praticarla. Poco importa se l'ideale abbozzato in questi testi si spinga fino ai limiti di ciò che è realmente possibile, poco importa se, al confronto, ogni amicizia realmente vissuta appaia incompleta.

Nel suo famoso saggio *Politiche dell'amicizia*, Derrida illustra i problemi che questa concezione empatica dell'amicizia basata sull'uguaglianza, «l'idea dell'amico inteso come l'altro Io», pone dal punto di vista filosofico. La maggior parte dei discorsi imperniati su questo ideale mira infatti, dice Derrida, a un'identificazione con l'Altro, un doppio della stessa età (e dello stesso sesso), per raggiungere omogeneità, omofilia e «un'affinità solida e ferma, perché nata dalla nascita comune, dalla comunità natale».[13]

Che l'amicizia in questa prospettiva classica fosse concepita come un legame tra persone benestanti ed eterosessuali, ovviamente di sesso maschile, non è certo un dettaglio di interesse solo storico. Il pensiero filosofico sull'amicizia focalizzato sull'idea dell'uguaglianza costituiva in questo modo non solo l'espressione, ma anche uno dei pilastri di quello che studiose di filosofia e di psicanalisi come Luce Irigaray, Hélène Cixous e Julia Kristeva hanno molto opportunamente definito “fallogocentrismo”, un'idea di mondo basata su una prospettiva eterosessuale e maschile. Né per Aristotele né per Montaigne esistevano amicizie tra uomini e donne, né tanto meno tra donne. Entrambi erano dell'idea che solo gli uomini appartenenti a un ceto sociale elevato possedessero le capacità intellettuali necessarie per coltivare un'amicizia. Questa convinzione è sopravvissuta per secoli, arrivando fino al Novecento, e tuttora risuona nell'idea di pure amicizie maschili o femminili.

Eppure, avrebbero dovuto saperlo che già duecentocinquant'anni prima di Aristotele la poetessa Saffo, vissuta a Mitilene sull'isola di Lesbo, scriveva poesie in cui non si parlava solo di amore, ma anche di amicizia. Le lettere dell'intellettuale Ildegarda di Bingen, risalenti a quattrocento anni prima di Montaigne, testimoniano dei profondi legami di amicizia che nascevano tra le monache nei conventi. Le donne che nel Medioevo facevano parte delle comunità delle beghine e nel Rinascimento degli strati più alti della società coltivavano pubblicamente amicizie con altre donne. La scrittrice rinascimentale veneziana Moderata Fonte alla fine del Seicento nei suoi dialoghi affermava che le donne sono ben più capaci degli uomini di stringere rapporti di amicizia e di coltivarli per molto tempo.[14] Tutto questo accadeva ancora prima dell'Ottocento, passato alla storia come secolo dell'amicizia, in virtù del culto della figura dell'amico e dell'amica che lo caratterizzava, prima che Jane Austen nei suoi romanzi facesse luce sulla varietà delle amicizie eterosociali,[15] e prima ancora che si manifestasse il fenomeno della “romantic friendship”, quella forma relazionale tra donne, che per le dichiarazioni di amore e di fedeltà che le sottendevano assomigliava al classico rapporto d'amore, ma che escludeva il rapporto sessuale. Basta dare un'occhiata allo scambio epistolare tra Madame de Staël e Madame Récamier o a quello tra Emily Dickinson e sua cognata Sue Gilbert, per rendersi conto della forza che questo tipo di amicizia poteva esercitare.[16]

La storia del pensiero occidentale ha ignorato, sminuito o deriso tutte le forme di amicizia tra persone che non fossero uomini bianchi appartenenti al ceto superiore. Si è trattato di un'affermazione di potere a discapito di tutte le evidenze. Forse sotto sotto la società occidentale avvertiva la minaccia che rapporti di questo tipo avrebbero rappresentato per le strutture patriarcali, e forse intuiva anche la forza dirompente di un pensiero sull'amicizia che, invece di fondarsi sull'uguaglianza, sceglie di celebrare la pluralità della vita.

Il seminario sul narcisismo e sul concetto di doppio è stato da molti punti di vista uno dei più importanti dei miei studi universitari. Mi ha introdotto nella lunga storia letteraria e filosofica dell'autorispecchiamento, una storia che racconta di quanto possa essere fatale non riuscire a oltrepassare i limiti del proprio sguardo sul mondo e su sé stessi, come anche degli insuperabili muri che si formano ogni volta che cerchiamo negli altri quanto in fondo già conosciamo. Benché ancora non sia riuscito a leggere Lacan in francese, sono tornato più e più volte ai testi discussi in quel corso. Quelle letture hanno influenzato il mio modo di pensare durante gli anni universitari e non solo, al punto che quando decisi di intraprendere un percorso di analisi, scelsi quello lacaniano.

Quel seminario mi è tornato in mente anche quando lessi di uno studio sulle amicizie condotto tra gli studenti del corso di psicologia dell'Università di Lipsia. Gli studenti che frequentavano il corso avevano stretto rapporti di amicizia tra di loro non tanto sulla base di affinità sul piano personale, quanto per il mero fatto di essere stati assegnati allo stesso gruppo. In altre parole, trovarsi seduti nella stessa fila aumentava di gran lunga la probabilità di fare amicizia, e infatti il maggior numero dei rapporti di amicizia si era registrato tra persone sedute l'una accanto all'altra. La casuale vicinanza fisica pareva dunque essere la carta vincente per fare amicizia.[17]

Un analogo studio condotto a Utrecht ha invece evidenziato come il ruolo che l'ideale dell'alter ego ha nella scelta delle amicizie sia in realtà molto diverso da come lo si immagina di solito. Tra gli studenti oggetto di quell'indagine la somiglianza non appare infatti come un requisito necessario per fare amicizia. Lo studio suggerisce come fossero invece loro stessi a sentirsi simili ai propri amici e alle proprie amiche, anche quando di fatto questa somiglianza non esisteva. Da qui la conclusione che a guidarli era stato il desiderio narcisistico di rispecchiamento e di riconoscimento, facendo loro credere di aver incontrato dei propri simili in cui potersi riconoscere e ritrovare.[18]

Il mito della sintonia tra amici viene oggi talora perpetrato anche nell'ambito delle scienze naturali. Un recente studio afferma, per esempio, che dal punto di vista neurologico le coppie di amici condividono la stessa visione del mondo e che questa somiglianza è presente sin dall'inizio, piuttosto che essere il risultato di un lungo dialogo e di una vita passata insieme. Lo stesso studio ipotizza addirittura una certa somiglianza genetica tra queste coppie di amici. Sono risultati che hanno bisogno di ulteriori approfondimenti, come sottolinea lo stesso autore, che precisa peraltro come la somiglianza registrata nell'ambito delle singole coppie di amici fosse minima, e tuttavia è singolare che nei recenti articoli, podcast e libri sull'amicizia tale studio non trovi menzione.[19]

La tentazione di dare una risposta solo in apparenza semplice alla complessa questione del perché alcune persone facciano amicizia con altre è evidentemente molto forte. In fondo, anche senza volerlo, tutti questi studi, e gli interrogativi da cui prendono le mosse, confermano come l'ideale dell'autorispecchiamento sia parte integrante del nostro concetto dell'amicizia.

Ripensando alle amicizie risalenti a quel seminario, mi rendo conto che la sensazione di assomigliare alla persona amica, al punto da potermici identificare, fosse di fatto ben poco indicativa rispetto alla durata di quei legami e all'importanza che hanno poi avuto nella mia vita. Cercare nell'amica o nell'amico il proprio doppio non è una strategia promettente a lungo termine; al contrario, la maggior parte dei rapporti di amicizia riesce a sopravvivere al cambiamento dei tempi, al succedersi delle fasi della vita, dei luoghi, degli atteggiamenti e delle costellazioni personali solo se si è in grado di rinunciare all'ebbrezza narcisistica di vedersi rispecchiati nell'altro. Solo i legami di amicizia in cui sono riuscito a fare questo passo sono ancora in vita.

In tempi recenti, filosofi come Alexander Nehemas hanno più volte proposto di concepire le amicizie come organismi, qualcosa di vivo che prende forma attraverso l'interazione di organi che dipendono l'uno dall'altro. Una bella immagine. Le amicizie possono crescere, ma possono anche morire. Affinché durino, occorre parlarsi, condividere esperienze, entrare in relazione sul piano emotivo e lasciarsi alle spalle l'idea dell'alter ego. Se questo non succede, trasformiamo le nostre amiche e i nostri amici in oggetti dell'amicizia, distruggendo così la condizione di fondo di qualsiasi rapporto: il concreto coinvolgimento personale, ovvero quella «particolare forma di essere l'uno con l'altro» propria dell'amicizia, il suo essere insieme, l'essere noi,[20] come lo chiama il filosofo Klaus-Dieter Eichler. È facile cadere nella tentazione di vedere nei propri amici e nelle proprie amiche una parte e un potenziamento di sé, finendo per amarli sulla base di presunte somiglianze con noi stessi. Tuttavia, questa ricerca dell'uguaglianza, che equivale a un appropriarsi narcisistico dell'altro, non è che una forma involontaria di violenza. Si finisce per forza di cose a misconoscere l'altro, perdendo l'occasione di capire chi è veramente la persona che ci è vicina.

Ma come sono le amicizie quando non si basano sull'ideale dell'uguaglianza? Hannah Arendt, oltre ad aver riflettuto a fondo sulla questione, ha avuto molte amicizie di questo tipo, tanto da riconoscere nell'esperienza della pluralità la forza e il significato di questa forma relazionale.[21] Con molti tra coloro con cui era rimasta in stretto contatto epistolare e telefonico dopo essere emigrata a New York e che tornava a trovare nonostante notevoli difficoltà logistiche e finanziarie, Arendt non condivideva né le idee politiche né la visione del mondo, ma rimase comunque sempre loro fedele – tra questi ci sono noti intellettuali come Martin Heidegger, Mary McCarthy, Uwe Johnson, Alfred Kazin e Karl Jaspers.[22]

Arendt trovò un riferimento per il suo concetto di amicizia in Gotthold Ephraim Lessing, come ebbe modo di ricordare nel suo discorso *Pensieri su Lessing. L'umanità in tempi bui*. Ricorrendo alla famosa parabola degli anelli, nel suo dramma *Nathan il Saggio* Lessing aveva dimostrato come tutte e allo stesso tempo nessuna delle tre religioni del mondo possano arrogarsi il diritto alla verità. Secondo Arendt, la saggezza di Nathan, il suo amore per il prossimo e la sua apertura mentale, derivavano fondamentalmente dal valore attribuito all'amicizia, che egli poneva al di sopra della verità. Lessing non avrebbe dunque esitato a sacrificare quest'ultima, qualora esistesse, «all'umanità [...], alla possibilità dell'amicizia e del dialogo tra gli uomini». In questo modo dimostra non solo che non esiste una verità, ma diventa anche l'esempio di colui che è capace di gioirne, dal momento che solo in assenza di un'unica verità «l'infinito dialogo tra gli essere umani» non avrà mai fine.[23]

Il fulcro della filosofia dell'amicizia teorizzata e vissuta da Arendt era dunque il riconoscimento della diversità dell'Altro o dell'Altra. Per la filosofa, la base delle vere amicizie sta nella diversità tra le persone, piuttosto che nella loro uguaglianza, perché solo la diversità fa accadere qualcosa tra l'Io e l'Altro o l'Altra, creando quello spazio in cui può avere luogo uno scambio di esperienze e di opinioni e in cui regnano l'apertura e la fiducia reciproca, benché non siano escluse esperienze di estraneità e di chiusura.[24]

Hanna Arendt ha così anticipato il pensiero di filosofi poststrutturalisti come Emmanuel Lévinas, Jacques Derrida o Alain Badiou, i quali hanno tutti, ciascuno a modo proprio, tentato di dare un fondamento filosofico al concetto dell'Altro e dell'Altra. Mentre Lévinas costruì un intero sistema filosofico basato sull'idea dell'infinito dell'Altro e dell'Altra e dunque sul pensiero che non possano mai essere del tutto riconosciuti né afferrati dal Sé, per poi cercare di leggere il mondo a partire da questa alterità, Derrida usò toni più miti. Per lui l'amicizia implica per definizione la capacità di offrire al prossimo uno spazio al di fuori della portata della propria volontà. Penso spesso a una frase di Derrida sull'amicizia: «Io rinuncio a te, l'ho deciso», scrive il filosofo, «è la più bella e la più inevitabile delle dichiarazioni d'amore».[25]

Che fosse questo anche il motivo del mio senso di disagio dinanzi alla menzionata marea di pubblicazioni che celebrano l'amicizia? Mi sembrava che questo nuovo inno empatico all'amicizia fosse frutto di una visione culturale che si concretizza solo per qualche istante nelle nostre relazioni reali, il frutto di ideali di amicizia eccessivi che evochiamo pur sapendo che si dissolvono nel momento stesso in cui vengono evocati. Questi ideali provengono da uno sguardo spaventato sulla vita, che antepone il mondo dei desideri alla realtà. Desideri di comprensione totale, di autoaffermazione, di relazioni scevre di conflitti.

Sono fantasie che in apparenza semplificano la nostra vita, offrendoci qualcosa cui aggrapparci, ma in realtà nascondono il bisogno totalitario di una opinione e di una verità, naturalmente la propria. Il vero dialogo tra amici, quello che, come direbbe Arendt, rappresenta l'elemento costitutivo per eccellenza dell'amicizia, viene di fatto vanificato da ideali di questo tipo. L'amicizia presuppone apertura e disponibilità all'incontro con l'altro, per conoscerne tutti gli aspetti. Come scrive Silvia Bovenschen, l'amicizia viene «ricreata, rimescolata, ridefinita in *ogni* conversazione». È questa l'origine della precaria bellezza e, allo stesso tempo, della forza di questi legami.

La bellezza dell'amicizia non sta nel suo ideale. Non è data solo nel momento in cui appaghiamo il nostro bisogno di attenzione da parte degli altri, proiettando su di loro le nostre emozioni e i conflitti irrisolti, e nemmeno è data perché pensiamo di conoscere i nostri amici e le nostre amiche solo perché ci assomigliano. La vera gioia dell'amicizia deriva dal donare attenzione. È un'esperienza liberatoria che si ha solo nel momento in cui riusciamo ad allargare i nostri orizzonti, uscendo dalla prigione dei problemi e delle paure in cui spesso ci troviamo a vivere. Quest'esperienza è possibile solo se riconosciamo l'altro nella sua diversità, se ci apriamo alla sua realtà emotiva e al suo sguardo sul mondo. Si verifica quando riusciamo a fare felice qualcuno.

Solo il reciproco riconoscimento delle proprie diversità fa sì che le relazioni crescano, che si cresca noi stessi assieme a loro, superando le costrizioni delle proprie fantasie, che sono sempre limitate. Le amiche e gli amici ci aiutano a rompere il nostro muro interiore di narcisismo, per arrivare a percepire l'esistenza in tutta la sua pienezza. Senza le amicizie non saremmo in grado di crescere e diventare veramente degli esseri umani.

Le amicizie della mia vita sono varie come le persone di cui sono amico: belle e limitate, calorose e fredde, divertenti e noiose, illuminanti e fastidiose. Nessuna corrisponde all'ideale di armonia, nessuna è armonica per definizione. La semantica dell'amicizia con i suoi vecchi ideali sta perdendo significato al cospetto delle amicizie reali. La realtà è che in amicizia non ci sono regole, norme implicite o esplicite, accordi, istanze sanzionatorie o costrizioni esteriori. Ci siamo io, la persona che mi sta di fronte e quello che si crea tra noi. Le amicizie di cui è intessuta la nostra vita sono al tempo stesso perfette e imperfette, come tutte le cose reali.

Nelle settimane in cui sono stato male e che ho trascorso per lo più da solo leggendo e scrivendo, sentivo poca vita dentro di me. Eppure il dialogo tra me e le persone della mia vita non si è mai interrotto. Nelle nostre conversazioni le sentivo ora più vicine ora più lontane, senza mai perdere la possibilità di vedere il mondo anche attraverso il loro sguardo. Potevo chiedere vicinanza, sapendo di poter contare su di loro. Con mia sorpresa, non soffrivo di solitudine e in fondo non ero nemmeno solo.

MAI COSÌ SOLO

Arriva quasi per tutti il momento in cui ci si rende conto che la vita non è quella che un tempo ci eravamo immaginati. Un momento in cui determinate certezze vengono meno, oscuri presentimenti prendono corpo e l'improvvisa sensazione di essere arrivati a una svolta trasmette onde di incredulità al corpo. Quando la pandemia ha raggiunto il suo primo apice in Germania, ho provato esattamente queste sensazioni.

Oggi non sono più in grado di dire perché la situazione mi sia sembrata per molto tempo così irreale, forse la mente mi teneva al riparo dalla presa di coscienza di ciò che stava accadendo, finché una sera, a cena con la mia amica Jenny, una docente universitaria, questa percezione cambiò. Conosco Jenny fin dai tempi dell'università, quando condividevamo lo studio dei dottorandi, che la sera lasciavamo sempre assieme. Prima di incontrarci a cena, ci eravamo assicurati di non avere alcun sintomo, ma poi avevamo parlato di altro. Quella sera però, dopo cena, mentre attraversavamo a piedi il buio quartiere di Moabit, Jenny mi raccontò che la sorella di sua moglie, un'infermiera all'ospedale berlinese della Charité, l'aveva avvertita senza mezzi termini che anche in Germania la situazione sarebbe precipitata così come in Cina e che nessuno era preparato a un'epidemia di queste dimensioni. Bisognava aspettarsi un lockdown da un giorno all'altro, e dunque procurarsi cibo sufficiente per resistere due settimane chiusi nelle proprie case.

Anche il giorno seguente, Jenny mi ricordò con un messaggino di andare a fare provviste. Quando andai al supermercato vicino a casa, rimasi senza parole vedendo gli scaffali vuoti. La farina e lo zucchero erano terminati, la pasta, le lenticchie, il lievito, la carta igienica e quella da cucina scarseggiavano. Pensai si trattasse di una condizione momentanea e lì per lì non mi preoccupai più di tanto. Avevo ancora farina a sufficienza per farmi il pane con il lievito madre come ogni settimana; tra le mie provviste c'erano anche un sacchetto di lenticchie verdi, una confezione di pasta, come anche confezioni di buon sugo di pomodoro italiano. Eppure, più vedevo quegli scaffali vuoti, più aumentava un senso di disagio. Sembrava fosse iniziato un film nuovo, come se una narrazione diversa si fosse impossessata della vita reale, la narrazione dell'apocalissi. L'equilibrio della vita sociale si rivelò in tutta la sua precarietà. Se la solidarietà tra le persone veniva meno già in un momento tutto sommato tranquillo tanto da arrivare ad accaparrarsi scorte di farina per un anno, privandone altre persone, cosa sarebbe successo nel momento della catastrofe vera? Proprio lì, in quel supermercato, ebbi la sensazione che d'ora sarei dipeso solo da me stesso. Mi sentivo come se qualcuno mi avesse colpito.

Anche se il senso di solitudine fa parte della vita, la vita non deve per forza essere vissuta in solitudine. Io non ho paura di stare da solo. Qualche volta ne soffro, certo, ma non vivo questa condizione come una mancanza, bensì come qualcosa da cui posso trarre anche piacere. Me ne sto volentieri a casa, che ho arredato secondo il mio gusto, e mi piace seguire i miei ritmi quotidiani, che cambiano a seconda delle stagioni, senza doverne rendere conto a nessuno. Certo, sono contento di fare delle cose con chi fa parte della mia vita, ma mi piace anche stare da solo.

Forse si tratta di un residuo dell'infanzia. Sono cresciuto in una grande famiglia in campagna, dove c'era sempre un bel viavai. La cosa aveva anche un suo fascino, tuttavia il mio piacere più grande consisteva nel dimenticare quello che mi circondava, per poter leggere o camminare da solo nel bosco o attorno al lago, per ore, in compagnia del cane, assorto nei pensieri. Più crescevo e più queste ore venivano dedicate alla scrittura. Era come se lo stare da solo mi allontanasse un pochino dal mondo, creando allo stesso tempo nuovi legami con esso.

Più tardi, nella prima giovinezza, persi questa capacità. Per molto tempo non sono più stato in grado di rimanere da solo senza provare una forte irrequietezza, che riuscivo a calmare uscendo di casa, incontrando gente, bevendo, festeggiando, flirtando. È stato così per molti anni e, se non avessi smesso di bere, quella condizione avrebbe forse preso il sopravvento. Solo dopo questa fase ricominciai ad apprezzare lo stare da soli. Oggi ho spesso la sensazione di avere troppo poco tempo per me, per tutte le cose che vorrei fare, per i libri che vorrei leggere, le mostre che vorrei vedere, i concerti e le opere che vorrei sentire, i film e le serie che vorrei guardare. Troppo poco tempo per le ricette che vorrei sperimentare, le passeggiate che vorrei fare, i libri che voglio scrivere.

La pandemia però ha scardinato completamente gli equilibri della mia vita da solo. Più avanzava e più iniziavo a sentirmi solo come non mi era mai capitato, nemmeno nelle mie peggiori fasi depressive. Mi sembrava di non essere mai stato così solo.

La solitudine ha un significato diverso per ciascuno di noi. Ci sono persone cui capita di rado di sentirsi sole, e altre che si ritrovano spesso in questa condizione. Ognuno la vive e la gestisce a modo suo. C'è chi si sente solo già dopo qualche serata trascorsa in solitudine, e chi invece ha bisogno di pochi contatti sociali nella vita. Nessuno però può vivere in solitudine per periodi lunghi, senza accusarne le conseguenze. Quando è acuta e si protrae nel tempo, la solitudine causa in molti una fame emotiva e una seria sofferenza interiore, da cui derivano una forte perdita di autostima e sentimenti di vergogna, colpa e frustrazione. La solitudine non crea solo distanza nei confronti degli altri, ma anche un inquietante allontanamento da sé stessi, da tutte quelle parti di noi che esistono solo in virtù della relazione con gli altri. Per questo talvolta tendiamo a considerarla un disturbo psichico, sebbene la solitudine non sia affatto una malattia, bensì un sentimento, certo complesso, ma pur sempre un sentimento. Si tratta di una distinzione importante.[1]

Come spiega il filosofo norvegese Lars Svendsen nel suo *A Philosophy of Loneliness*, c'è un equivoco di base nel modo in cui oggi si affronta il tema della solitudine, come anche nell'odierna evocazione di un'"epidemia della solitudine": il dato sul numero crescente di persone che vivono da sole nelle società occidentali spinge a pensare che sempre più persone debbano sentirsi sole. Tuttavia, «vivere da soli e sentirsi soli sono», sostiene Svendsen, «due fenomeni del tutto indipendenti l'uno dall'altro, tanto dal punto di vista logico quanto da quello empirico».[2]

È indubbio che vi sia una correlazione statistica tra il vivere da soli e la solitudine, ma la portata e il significato di questa correlazione vengono di solito sopravvalutati. Sin dagli anni Cinquanta dello scorso secolo sociologi e giornalisti annunciavano il profilarsi di una nuova solitudine e lamentavano la fine delle tradizionali forme di coesione sociale, sebbene vi fossero pochi altri dati statistici a conferma di questa tesi, all'infuori del numero delle persone che vivono da sole.[3] In altre parole, è sbagliato diagnosticare condizioni di solitudine solo sulla base dell'assenza di una relazione amorosa, quando ci sono tante altre relazioni sociali nelle nostre vite che possono colmare il bisogno di vicinanza che abbiamo.

Non voglio sostenere che l'isolamento sociale non rappresenti un problema per molte persone, è infatti ampiamente dimostrato che può causare seri disturbi fisici e psichici.[4] L'Harvard Grant Study, una ricerca sociologica a lungo termine avviata nel 1938 con l'obiettivo di monitorare la salute psicofisica di alcune centinaia di studenti laureati all'Università di Harvard e dei loro figli, dimostra per esempio come la presenza di strette relazioni interpersonali sia uno degli indicatori principali della qualità della vita. Le persone prive di questo tipo di rapporti si ammalano più spesso e di norma muoiono prima di quelle che hanno una vita sociale ricca.[5] Neppure voglio affermare che non sia importante parlare di solitudine, al contrario: parlarne può servire ad affrancare il tema da quel peso della vergogna che gli grava addosso, mitigando così il dolore di molte persone e mostrando a chi soffre di solitudine che, almeno in questo, non è affatto solo.

Purtroppo però i discorsi sull'"epidemia di solitudine" spesso non sono altro che una rievocazione nostalgica dei buoni vecchi tempi nonché di modelli di matrimonio e famiglia ormai superati. Dietro a questi discorsi c'è spesso una visione politica che ignora le realtà presenti nella nostra società. E non è certo un caso che nessuno dei tanti profeti del declino sociale proponga di combattere la solitudine lottando contro il razzismo, la misoginia, l'antisemitismo, l'omo, trans e islamofobia, contro la stigmatizzazione sociale di persone che vivono in povertà e contro i fenomeni di discriminazione che ogni giorno causano svariate forme di isolamento sociale. La risposta di quelli che alzano l'indice mettendo in guardia dai presunti pericoli consiste quasi sempre nella rievocazione della magia del nucleo familiare tradizionale.

È fin troppo facile appellarsi al potenziale di nostalgia che c'è in ciascuno di noi. Con molta probabilità, la reazione istintiva che porta a rappresentare la solitudine come una conseguenza patologica del cambiamento sociale nasconde anche un atteggiamento di difesa. Perché la solitudine è un sentimento di cui non vogliamo essere responsabili e con cui preferiamo non avere nulla a che fare. Nel suo libro *Città sola*, la studiosa Olivia Laing descrive la portata dei tabù sociali che accompagnano il tema della solitudine. La solitudine, sostiene Laing, è così lontana dal tipo di vita che dovremmo condurre che diventa un problema anche solo ammetterla.[6] Tutti noi abbiamo una capacità quasi intuitiva di avvertire questa forma di tabuizzazione. In qualche modo, l'immaginario collettivo inerente alla condizione di solitudine porta sempre con sé l'idea che quelli che si sentono soli se lo siano meritato, perché poco attraenti, poco socievoli, egocentrici o troppo timidi, oppure perché tendenti ad autocommiserarsi o a lamentarsi di tutto senza alcun senso di dignità.[7] Nessuno vorrebbe essere così.

Questa tabuizzazione, che permea la nostra vita sociale, trova espressione anche sul piano linguistico: basti pensare alla distinzione lessicale tra la condizione di solitudine e l'essere soli presente in lingue come il tedesco e l'inglese. Essere soli appare come una variante più dignitosa e tutto sommato più presentabile della solitudine, una specie di isolamento sociale privo di grande sofferenza interiore. Molte persone, quando si parla di solitudine, rimandano quasi d'istinto a questa dicotomia, una reazione che nasconde qualche volta anche un senso di vergogna. Quella vergogna che impedisce di dare voce ai propri sentimenti di solitudine. Sembra quasi che vogliano dire: sono solo ma non mi sento solo. Non ti dirò mai che mi sento solo. Non sono vulnerabile. La mia solitudine non fa male, non ne soffro. E non voglio nemmeno confrontarmi con la tua di vulnerabilità, perché mi ricorda troppo la mia. Ti prego, dimmi che sei solo senza per questo sentirti tale.

Il tema della solitudine e dei suoi effetti irritanti sulle altre persone è stato studiato anche dalla psicologa Frieda Fromm-Reichmann. Il suo leggendario saggio dal titolo *Loneliness*, apparso nel 1959, cui anche le riflessioni di Olivia Laing fanno riferimento, rappresenta uno dei primi studi scientifici e psichiatrici sull'argomento. Fromm-Reichmann dimostra con molta chiarezza come la solitudine rappresenti un'esperienza che ci spaventa così tanto da impedirci di provare empatia nei confronti di chi si sente solo, pur sapendo cosa significhi soffrire di solitudine. Siamo così abili a tenere lontano il ricordo di questa orribile esperienza da renderla inesistente.[8]

Anche lo psicologo Robert Weiss ha osservato qualcosa di analogo nei suoi pazienti. Molte persone sottovalutano in maniera considerevole gli effetti della solitudine sulle loro vite, scrive Weiss nel suo *On Loneliness*. Ciò dipende dai meccanismi di rimozione che si attivano in questi casi e che, per quanto non abbiano sempre la stessa efficacia, riescono comunque a renderci incapaci di ricordare l'intensità delle nostre esperienze di solitudine. Di conseguenza, sostiene Weiss, non riusciamo più a immaginarci la sofferenza che quest'esperienza provoca negli altri.

Come ha dimostrato Fromm-Reichmann, queste strategie di rimozione non si arrestano nemmeno dinanzi a un percorso di psicoterapia. La solitudine evoca, infatti, una paura specifica negli altri, la «paura di essere contagiati», di cui non riescono a liberarsi del tutto nemmeno le psicoterapeute e gli psicoterapeuti. Per molte persone diventa pertanto impossibile trovare un modo per parlarne, anche se soffrono di forme di solitudine più lievi. Il senso di solitudine si trasforma così in un segreto carico di paure, di cui non si riesce a parlare in maniera adeguata.[9]

Più passava il tempo e più cresceva in me la sensazione che la vita da solo, di cui facevano parte anche singoli momenti di solitudine, fosse diventata una vita tutta all'insegna della solitudine. Mi chiedevo allora se gli sviluppi di quell'anno, tra cui la crescente paura del futuro, il panico collettivo, le notizie di malattia e morte che erano presto diventate parte della nostra quotidianità e, naturalmente, le misure di distanziamento sociale e di lockdown, non ponessero la maggior parte di quanti vivevano da soli di fronte alla sfida di una solitudine radicale.

Io cercavo di fare quello che era nelle mie possibilità: mi informavo, leggevo tutto quello che si poteva trovare sulla nuova malattia, ascoltavo podcast sull'argomento, adottando le misure di precauzione consigliate. Ma, soprattutto, mi buttai nel lavoro, in parte perché mi faceva bene e in parte perché era diventato necessario. La pandemia aveva infatti fatto saltare tutte le letture e le presentazioni pubbliche, come anche gli eventi cui avrei dovuto partecipare. Alcuni di questi inviti li avevo accettati con grande piacere, quello alla conferenza di chiusura di un congresso di psicologia, per esempio, di cui negli anni precedenti scrittori e scrittrici che amo profondamente avevano molto parlato, oppure quello a un festival letterario nella Francia meridionale che, oltre a incontri interessanti, prometteva condizioni meteo adatte a qualche giorno di vacanza. Quelle disdette avevano pesato sulle mie finanze, per cui decisi di rimandare il lavoro ai testi che volevo scrivere, dando la precedenza a richieste di articoli, revisioni e traduzioni, per i quali accettavo anche onorari che in altre condizioni avrei rifiutato. Ero grato di poter fare almeno quello, anche se dovevo lavorare più del solito e mi mancava quel tipo di scrittura per il quale avevo scelto questo mestiere. Tutto ciò mi trasmetteva la sensazione di una perdita di senso che non riuscivo a tradurre bene in parole.

Quando non lavoravo, seguivo le sconvolgenti notizie che provenivano da Paesi in cui avevo vissuto o comunque trascorso molto tempo. Azioni politiche incompetenti causavano la morte di molte persone, facendo apparire il modo in cui la politica tedesca affrontava la crisi più ragionevole di quanto forse lo fosse. Ero molto preoccupato per le mie amicizie a New York e a Londra, e nemmeno gli occasionali scambi per email e per telefono riuscivano a rasserenarmi.

Anche la stagnazione culturale in cui la città era sprofondata a causa della pandemia aveva contribuito a spegnere la mia vita sociale, creando un vuoto opprimente nella quotidianità. I miei genitori e mia sorella mi telefonavano più spesso del solito. Amiche e amici che non sentivo da tempo chiamavano per chiedere come stavo e raccontarmi come affrontavano loro questa situazione. Con alcune persone mi sentivo sempre via FaceTime o Zoom. Tuttavia, succedeva anche che per giorni, qualche volta settimane, non incontrassi nessuno, nemmeno per fare due passi, a causa delle disposizioni di legge o per precauzione. Anche gli incontri del gruppo di autoaiuto cui partecipavo da quasi dieci anni furono cancellati. In alcuni casi si rimediò online, il che era già qualcosa, ma ciononostante vissi tutte quelle mancanze in maniera drammatica, e anche in questo caso avvertivo una perdita di senso.

Ma la cosa che più mi pesava era il distacco da alcune delle amiche e degli amici più stretti. Tutte e tutti loro erano concentrati sui propri problemi, e questo rendeva difficile il rapporto con altre persone. Sylvia e Heiko si destreggiavano tra lavori che mettevano entrambi ogni giorno a contatto con un alto numero di persone potenzialmente malate, e la figlia Lilith era costretta alla didattica a distanza. Per molto tempo non li vidi proprio, e non vidi nemmeno il giardino, di cui in quel periodo si occupavano solo loro. Anche Marie e Olaf erano intenti a conciliare la didattica a distanza di John con le esigenze delle loro professioni e con la complicata vita quotidiana di quei mesi. Di tanto in tanto riuscivamo a vederci per una passeggiata, in compagnia del loro nuovo cane, così bello e soffice, ma la comunicazione faticava a decollare. Le sfide del tempo avevano attivato un evidente istinto a rifugiarsi nel proprio nido. Tutti coloro che vivevano in coppia, senza eccezione alcuna, sembravano concentrarsi solo sulla propria vita familiare. Il tempo condiviso prima della pandemia, tutto quello che con molta naturalezza avevamo fatto insieme, era passato in secondo piano con sorprendente rapidità. In certi momenti mi sembrava che non avesse mai avuto luogo. Per la maggior parte delle persone gli eventi della pandemia avevano reso il mondo più piccolo. Ma per chi viveva da solo, questo restringimento implicava anche una sostanziale perdita di qualsiasi forma di vicinanza.

Le conversazioni che riuscivo a fare con gli altri erano per lo più incentrate sui problemi che loro avevano nelle rispettive relazioni e famiglie, e questi problemi acquisivano un'importanza maggiore rispetto a quelli in apparenza molto più gestibili che potevo avere io. In questo modo le mie risorse di empatia andavano via via riducendosi. Certe volte era insopportabile anche solo sentir parlare delle difficoltà che queste persone, pur così importanti per me, avevano, o di come soffrivano a causa delle limitazioni pandemiche e della paura che si stava diffondendo. La stessa insofferenza la provavo per quei moti di reazione che alcuni di loro si imponevano, cercando di trovare un risvolto positivo in tutto e arrivando quasi a congratularsi con sé stessi per il fatto di uscire di tanto in tanto sul balcone per applaudire medici e infermieri.

Non mi mancavano naturalmente anche conversazioni e incontri virtuali in cui avvertivo vicinanza e reciproca comprensione, ma in quel periodo avevo spesso la sensazione di dover assumere il ruolo di un terapeuta in grado di ascoltare e annuire con pazienza. Sono una persona che sa ascoltare e penso anche che le persone che ci sono care vadano accolte con generosità e attenzione. Quando attraversiamo periodi difficili ci concentriamo quasi d'istinto su noi stessi, mentre la capacità di prendere parte alle vite degli altri per forza di cose si riduce. Di tanto in tanto accade a tutti. Conoscevo molto bene questo lato di me stesso, ma sapevo anche che in condizioni normali questa tendenza si bilancia, perché è poco probabile che ci si trovi tutti assieme in un momento di difficoltà. Quando però tutti hanno paura e soffrono dinanzi alle imprevedibili sfide del momento, quell'equilibrio viene meno. In molte di quelle conversazione mi sentivo sprofondare dentro.

Giorno dopo giorno mi richiudevo in me stesso, concentrandomi soprattutto sul lavoro. Il senso di solitudine in questo modo aumentava, solo che, proprio come osservava Frieda Fromm-Reichmann nel suo libro, non ero in grado di comunicarlo a nessuno. Quando mi costringevo a farlo, percepivo spesso una specie di involontaria reazione di difesa da parte del mio interlocutore. Alcuni mi trasmettevano l'impaziente speranza di non doverne parlare, altri sembravano proprio non potermi o non volermi capire. A un certo punto era subentrata una forma di insicurezza che si autoalimentava: più mi sentivo solo e più ero incapace di parlarne. E meno ne parlavo, più aumentava il senso di solitudine. La paura e l'isolamento fanno sì che il dialogo s'interrompa, mentre ci si rinchiude nel silenzio. Non c'è solitudine maggiore di quella di chi non viene visto né riconosciuto. Il silenzio che ne deriva equivale a una perdita di significato che non ha eguali.

La maggior parte delle persone che ripensano alle proprie fasi di solitudine ha la sensazione di non essere stata sé stessa in quei momenti. Come scrive Robert Weiss, per molti di noi il nostro Io da solo rappresenta un'aberrazione dell'Io vero. Ci si sente più tesi, più irrequieti e più incapaci di concentrarsi del solito.[10] I periodi di solitudine possono rappresentare degli incubatori di problemi, portando alla luce tendenze che prima erano solo latenti o ridando voce a dilemmi che si ripresentano in modo ciclico. A me era accaduto qualcosa di analogo. Non mi sentivo più me stesso e mi vedevo sempre più spesso in quell'alone in cui tendiamo a relegare le persone che soffrono di solitudine. Avevo la sensazione di essere io la causa di tutto, di aver fallito e dunque di meritarmi in qualche modo quella condizione.

Dopo un po' notai che mi costava sempre più fatica uscire. Anche solo fare la spesa o due passi al parco comportava lunghi preparativi. Mi capitava di trovarmi già in strada, e di accorgermi di dover rientrare perché avevo dimenticato il portafoglio o perché avevo lasciato aperto l'abbaino nel corridoio. Se non lo facevo, la vendetta era dietro l'angolo. Una volta rientrai con le borse della spesa in mano trovando la casa appestata di fumo e l'allarme antiincendio in azione. Avevo lasciato acceso il fuoco su cui avevo messo la mia piccola Bialetti. Allora evitai quasi del tutto di uscire di casa.

In certi giorni nemmeno mi accorgevo del senso di solitudine che mi pervadeva, in altri ne ero sopraffatto. Dovevo convincermi che dedicarsi alle attività quotidiane aveva un senso. Ogni volta in cui leggevo che per molti la pandemia significava avere più tempo per sé stessi, per ripensare alla propria vita, per dedicarsi allo sport o per imparare una lingua straniera, provavo una certa invidia, se non addirittura una sottile rabbia. Ero diventato così sensibile e fragile che tutto poteva toccarmi e scuotermi.

«La solitudine offusca lo sguardo», scrive il neuroscienziato Giovanni Frazzetto nel libro *Together, Closer: Stories of Intimacy in Friendship, Love and Family*. Quando perdura, si trasforma presto in un «ingannevole filtro attraverso cui vediamo noi stessi, gli altri e il mondo intero», rendendoci più vulnerabili al rifiuto, aumentando la nostra insicurezza nelle interazioni sociali e facendoci sentire in pericolo anche quando il pericolo non c'è.[11] Oggi mi rendo conto che anche il mio sguardo era offuscato. Sentivo di avere terribilmente bisogno degli altri, ma la mia esigenza altro non faceva che allontanare da me quelli con cui avevo dei contatti. Le reazioni erano all'insegna di un'esagerata sensibilità. Mi bastava ricevere un messaggio gentile ed ecco che rispondevo con infiniti emoji in forma di cuore e di baci. Se qualcuno disdiceva un appuntamento per una passeggiata o se notavo che il mio interlocutore si distraeva per qualche motivo, ci restavo male in maniera esagerata, quasi questo volesse significare che l'altro non mi volesse bene. In alcuni momenti temevo addirittura di soffrire di una leggera forma di paranoia sociale. A una parte di me tutto questo sembrava ridicolo, un'altra cercava un modo per isolarsi ancora di più, ignorando qualsiasi richiesta di contatto, in attesa che queste strane sensazioni svanissero e io tornassi al mio vero io.

Nell'ultimo saggio che ha scritto prima di morire, la psicanalista Melanie Klein ha affrontato il tema della solitudine, definendola una "nostalgia", la nostalgia per la perfezione interiore, uno stato di pace che si prova quando si riesce a comprendere gli altri, sentendosi allo stesso tempo perfettamente compresi da loro. Il punto centrale nel ragionamento di Klein è che si tratta di una condizione di fatto irraggiungibile. Tutte e tutti vogliamo trovare qualcuno che ci accompagni mentalmente e emotivamente lungo il viaggio della vita, vogliamo essere visti, riconosciuti e capiti. Solo che gli altri non sono mai così pronti o capaci di farlo come vorremmo. E nemmeno noi lo siamo nei confronti degli altri. È questa la condizione di fondo in cui viviamo.[12]

Secondo Klein ciò dipende dagli stati di paura che il bambino piccolo vive nella fase in cui si forma la sua comprensione del mondo e in cui apprende la lingua. Imparare a parlare rappresenta, infatti, un'esperienza ambigua, in cui momenti di felicità e di sollievo si alternano alla consapevolezza che la lingua non sarà mai in grado di sostituire quella reciproca comprensione preverbale che esiste tra il neonato e la persona che se ne prende cura. Il desiderio di essere compresi a prescindere dalle parole non abbandona mai del tutto il bambino, anche quando diventa adulto, proprio come non lo abbandona il senso di delusione che deriva dalla consapevolezza che quel desiderio resterà insoddisfatto.

Quella di Klein è una spiegazione psicanalitica per la perdita di senso che si avverte nei momenti di solitudine e che spesso risulta insopportabile. Possiamo fare affidamento solo su noi stessi e così ci troviamo ad affrontare la vita. Di norma è la nostra mente a proteggerci dalla consapevolezza di questa inevitabile solitudine esistenziale per cui riusciamo a vivere covando la fantasia di essere capiti e di essere in grado di capire gli altri. Il dolore della solitudine sorge nel momento in cui questa fantasia si dissolve e viene meno l'illusione di non essere soli in questo mondo. Nel momento in cui, dissolta la fantasia, capiamo che si trattava, appunto, di un'illusione.

La solitudine è un sentimento che prima o poi proviamo tutte e tutti, e non c'entra quanti amici e amiche abbiamo e neanche se viviamo in un rapporto di coppia o meno. Arriva al più tardi quando la nostra vita viene scossa da grandi cambiamenti, quando attraversiamo stati di malattia, quando finiscono le relazioni, quando muoiono le persone che amiamo. O, appunto, quando ci ritroviamo a vivere una pandemia. Forse è inevitabile che le strategie di autoillusione che di solito ci aiutano nella vita saltino proprio nei momenti in cui viene meno la "normalità". Del resto, come potrebbero funzionare quando i numeri dei malati e dei morti come anche i pericoli che ci attendono oltre la soglia di casa aumentano di continuo. Può darsi che la fine della normalità di cui molti hanno parlato e che molti hanno di fatto percepito come tale, abbia significato proprio questo: un diffuso senso di sconcerto, il fallimento di quelle finzioni su cui la nostra esistenza in comune si era basata fino ad allora. Un'inarrestabile perdita di senso che sembrava mettere in discussione tutto, almeno per un certo periodo di tempo.

PERDITE AMBIGUE

Sarà per il senso di solitudine che affrontavo con fatica, per la paura di ammalarsi e per la continua preoccupazione per la salute delle persone care, sarà per l'indignazione nei confronti di chi con grande disprezzo degli altri aveva deciso di ignorare le misure precauzionali, contribuendo così al protrarsi della pandemia, ma la sensazione di vivere in uno stato eccezionale che sarebbe durato a lungo persisteva. Mi sembrava di essere sprofondato in una condizione di precarietà che non accennava a finire e in cui non si poteva far altro che affrontare il quotidiano con il fiato sospeso.

Se penso a ciò che più ha segnato la mia vita ai tempi della pandemia, immagino subito questa strana contrazione del tempo: tutto quello che di solito scandiva l'anno solare – i viaggi, le feste di compleanno di amiche, amici, familiari o figliocci, le gite estive ai laghi attorno a Berlino, la ripresa autunnale della vita culturale –, tutto era venuto meno. Quello che accadeva oggi, poteva ripetersi domani oppure sarebbe anche potuto succedere nelle settimane o nei mesi precedenti. Il tempo sembrava essersi ripiegato su sé stesso.

Dopo i primi mesi presi l'abitudine di passeggiare per qualche ora ogni giorno. Attraversavo la Hasenheide, il grande parco nei pressi di casa mia, per raggiungere l'area del Tempelhofer Feld. Lo facevo a prescindere dalle condizioni meteo e dalla quantità di lavoro che dovevo sbrigare. Queste lunghe passeggiate erano diventate un rituale per chiudere la giornata di lavoro oppure, quando non riuscivo a lavorare, per iniziare un giorno nuovo. Le passeggiate mi davano la possibilità di incontrare persone e mi trasmettevano la sensazione di realtà in un mondo che sembrava non avere più nulla di reale. Rispetto alle camminate che facevo prima, queste erano più regolari e più lunghe. Mi ero prefissato di fare ogni giorno almeno dieci chilometri. Si trattava di una sorta di accordo che avevo preso con me stesso, una misura adottata per salvaguardare la mia saluta mentale.

Con il passare del tempo, mi capitavano momenti in cui non sarei più stato in grado di dire in quale giorno, settimana o mese mi trovavo. A un certo punto avevo anche smesso di osservare i cambiamenti della natura. La vita sembrava avvolta da una nube di ovatta, come se mi trovassi in mezzo a una fitta nebbia che solo di tanto in tanto si diradava aprendo uno squarcio su quello che avevo attorno. Un giorno notai che l'estate aveva rinsecchito la terra e ingiallito l'erba, mentre gli alberi di pero stavano perdendo i frutti. Poco dopo mi accorsi che le gocce di pioggia che mi cadevano sul giaccone erano più fresche e che l'autunno era alle porte. A un certo punto, in una di queste passeggiate, avvertii una sensazione di risveglio e vidi che le foglie della maggior parte degli alberi avevano cambiato colore e le chiome di alcuni alberi erano spoglie.

Descrivendo questa esperienza del tempo che si ripiega su stesso, l'etnologo Victor Turner parla di uno stato liminale che si protrae nel tempo. Il suo riferimento è la teoria dei riti di passaggio elaborata dal suo collega Arnold van Gennep, il quale aveva osservato come fossero i rituali collettivi – nelle società occidentali il battesimo, la cresima, il matrimonio o il funerale – ad aiutarci a intraprendere nuovi percorsi di vita, deponendo identità superate e assumendo altri ruoli sociali. Turner ha tentato di fare luce su questa condizione liminale che i *rites de passage* implicano, ovvero su ciò che succede tra la fine e l'inizio di fasi della vita. Lo studioso definisce questo momento intermedio come un istante nel e fuori dal tempo, un tempo all'insegna dell'indeterminatezza e dell'ambiguità, in cui ci svincoliamo dalla rete di classificazioni del mondo dove ci eravamo mossi fino a quel momento.[1]

La pandemia sembrava essere uno di questi momenti liminali che perdurano, era un tempo fuori dai tempi regolari, in cui molte delle regole e norme precedenti non avevano più validità. Sono condizioni difficili da affrontare, soprattutto perché non si sa cosa viene dopo. È facile allora che proprio in quei momenti riprendano vita fantasmi scacciati molto tempo prima e che ci si senta imprigionati, incapaci di muoversi e di andare avanti. Allo stesso tempo, si tratta anche di momenti che racchiudono un'occasione e ci offrono la possibilità di osservare noi stessi, la vita e il mondo da una certa distanza e da una prospettiva diversa, e dunque di riflettere su cose su cui per molto non abbiamo potuto o voluto riflettere. Io mi ritrovai a pensare alla mia vita da solo.

Uno degli aspetti per me più difficili di questa condizione in un mondo dominato da coppie e famiglie era dato dalla consapevolezza di quanto fragile fosse la mia posizione nelle vite degli altri e di quanto mutevoli fossero le mie amicizie. Me ne resi conto soprattutto nei mesi di lockdown, che avevano rinforzato in tutti l'istinto di cercare un nido. Fino a quel momento ero convinto che la cerchia delle amicizie fosse per me una sorta di famiglia allargata e non convenzionale.

Nel corso di quelle settimane e dei mesi che scorrevano in maniera informe, le mie relazioni avevano subìto un cambiamento inarrestabile, mentre una nuova realtà prendeva forma. Una distanza che sembrava solo temporanea si stava trasformando in un isolamento permanente, di cui solo in linea teorica si ipotizzava una fine. Quello stato liminale finì per ripropormi, sotto altre forme, una vecchia domanda su cui in passato avevo già avuto modo di riflettere: un modello di vita basato su relazioni di amicizia è circoscritto solo a un determinato periodo? Quello dell'adolescenza e dei primi anni della giovinezza, per l'esattezza? Ero diventato troppo vecchio per condurre quel tipo di vita?

Negli anni della gioventù alle amicizie spetta un ruolo particolare. Sono loro a fornire il sostegno per orientarsi in un mondo complesso, oltre a trasmettere il senso di apertura che caratterizza quella fase della vita. Non è un caso che da qualche decennio la cultura popolare celebri in maniera enfatica le amicizie che risalgono a quel periodo e non è un caso che ne subiamo il fascino anche più avanti negli anni. Per molto tempo quelle amicizie hanno condizionato la mia vita e quella della maggior parte dei ventenni e trentenni che conosco.

Nel decennio tra il 1994 e il 2004, la sitcom americana *Friends*, ancora oggi una delle serie più popolari e più viste al mondo, in grado di conquistarsi un pubblico nuovo nell'ambito di ogni generazione che approda al mondo adulto, ha reso globale questo fenomeno. La serie, che ha per protagonisti sei amiche e amici le cui vite si intrecciano in una New York in gran parte inventata, è riuscita a dare una definizione nuova di quello che può essere la vita nel passaggio dalla giovinezza all'età adulta. Quando cioè le amicizie platoniche sono all'ordine del giorno, tanto da condizionare in maniera essenziale la vita quotidiana, tenendo ben lontane una relazione romantica duratura o una carriera professionale stabile. Il segreto della serie sta nell'aver posto l'accento sul senso di appartenenza che si sviluppa in quei gruppi di amici, evocando dunque un'idea di sicurezza e stabilità che le amicizie per definizione non possiedono. Questo senso di appartenenza raggiunge gli stessi spettatori, tanto che in molti casi Rachel, Ross, Monica, Joey, Phoebe e Chandler sono stati anche le amiche e gli amici di coloro che ogni settimana seguivano le loro vite fittizie.

In mezzo alle tante rappresentazioni mediatiche dell'amicizia, questa serie si distingueva perché faceva trapelare qualcosa di reale che si percepiva al di là della finzione. Lo stesso vale per altre serie incentrate sull'amicizia, come *Seinfeld*, *Sex and the City*, *How I Met Your Mother* o *The Big Bang Theory*. Il loro grande successo non dipende solo dal fatto che mettono in scena fantasie di vite riuscite piuttosto credibili, ma anche dal fatto che parlano di sentimenti che in fondo conosciamo bene grazie alle nostre vere amicizie, a prescindere dall'inevitabile *pathos* e dal *kitsch* della fiction.

Eppure, il fulcro di queste serie, il loro approdo finale, viene spesso trascurato: in tutti i casi i protagonisti alla fine trovano un partner, mettono su famiglia e costruiscono una vita in cui i rapporti che fino a poco prima erano stati importanti passano in secondo piano. I codici e le regole dell'amicizia sostenuti dalle serie perdono validità nel momento in cui i protagonisti attraccano nel porto sicuro delle relazioni d'amore tradizionali. Nonostante tutti i giuramenti di fedeltà, i rapporti di amicizia appaiono dunque come dei preparativi per riuscire a condurre una vita di coppia, come cuscinetti che attutiscono delusioni d'amore, una sorta di assicurazione emotiva di cui a un certo punto si può fare a meno.

In molti si trovano ad affrontare situazioni simili, accorgendosi che in fondo tutte le forme di vita che coraggiosamente sperimentiamo in gioventù altro non sono che un preparativo alla vita da membri adulti della società e alla creazione di una famiglia. Si potrebbe dire che in questo modo l'amicizia si riduce a una fase di passaggio, una condizione soglia che si conclude nel momento in cui ci si integra con successo nelle forme di convivenza tradizionale.

Le amicizie cambiano nel momento in cui l'amico, l'amica o noi stessi ci innamoriamo e iniziamo una relazione. È una cosa che ho vissuto più volte. Ecco che allora anche quei rapporti di amicizia in cui ci si telefonava a qualsiasi ora in cerca di aiuto, condividendo i risvolti più intimi della vita, si trasformano in rapporti in cui ci si sente solo di tanto in tanto e in cui si hanno poche cose da condividere. Spesso queste amicizie hanno una vera e propria fase di arresto.

Nella maggior parte dei casi si fa il tentativo di includere le persone amiche nella nuova vita in coppia e in famiglia, ma il successo di questi tentativi dipende molto dai partner. Capita di trovarsi bene anche con loro, così come capita che i legami della vita precedente vengano percepiti come minacce o che inneschino sentimenti di gelosia. Può succedere anche che la gelosia provenga da noi stessi, che il partner non ci piaccia o che si abbia la sensazione che non faccia bene alle persone cui prima eravamo così vicini.

Queste situazioni sono difficili se chi viene messo in disparte vive da solo. A un certo punto bisogna accettare che si passa in secondo piano anche per quelle persone che, si pensava, avrebbero sempre avuto un ruolo centrale nelle nostre vite. Sono cambiamenti che difficilmente si possono imputare a qualcuno, perché ci rendiamo conto che anche noi ci comporteremmo allo stesso modo in una situazione analoga, e anche perché, in fondo, sappiamo che le amicizie possono cambiare nel corso della vita, perché è questa la loro essenza. Eppure è difficile da accettare. Ci si sente respinti e messi a confronto con un vuoto che non si sa come riempire. La persona che ci era così vicina è ancora lì, ma allo stesso tempo non c'è più. Da un certo punto di vista la situazione assomiglia a quella di una "perdita ambigua", concetto sviluppato dalla psicologa Pauline Boss per descrivere quel tipo di perdite in cui non si capisce bene che cosa si perda esattamente. Tra gli esempi più noti e più studiati c'è il dolore che si prova per persone con demenza, la cui personalità svanisce poco alla volta, oppure il dolore per le persone scomparse che si presume siano morte. Le perdite ambigue sono caratterizzate da scarsità di informazione, da un paradosso di presenza e assenza, da un sia/sia ambivalente che fa sì che l'elaborazione del lutto subisca rallentamenti o venga meno. L'ambivalenza rende tutto più difficile: trovare una strada per affrontare la nuova situazione, prendere decisioni per la nuova vita, continuare o ricominciare. Secondo Pauline Boss le perdite ambigue portano con sé una particolare forma di trauma.[2]

L'idea della coppia non condiziona solo la nostra vita, ma anche il nostro immaginario. Gli altri li definiamo come nubili o celibi, come single o come divorziati, e il riferimento per queste classificazioni è sempre la struttura della coppia o della famiglia, che in quest'ottica rappresenta la norma.[3] Eppure, è più che legittimo avere dubbi circa il senso di questa predominanza. L'artista e saggista britannica Hannah Black li esprime nel suo acuto e polemico saggio *The Love of Others*, in cui descrive la coppia come «il metodo più riduzionista, escludente e precario cui si ricorre per placare il bisogno, probabilmente universale, di vicinanza».[4] Per Black, la vita di coppia nella sua forma eterosessuale può essere paragonata a un film horror patriarcale, se solo si pensa al lavoro che richiede alle donne sul piano psicoemotivo, oppure alla loro dipendenza economica e alle violenze domestiche che spesso subiscono.

Anche le coppie queer non farebbero altro che riprodurre attraverso la vita di coppia quelle «strutture di violenza, dominanza e miseria affettiva» che rappresentano la norma nella vita degli etero. Nonostante questo il modello della coppia appare così dominante da reprimere qualsiasi altra idea di vita, per esempio quella della convivenza tra amici.

Soprattutto nelle giornate buie faccio fatica a non dare ragione ad Hannah Black e alla sua sorprendente logica argomentativa. In quei momenti mi torna in mente anche una conversazione che una volta ebbi con Hanya, un'amica il cui punto di vista era simile a quello di Black. Eravamo in un museo di Soho, per una mostra di fotografe e fotografi queer degli anni Settanta e Ottanta. Tra questi c'era anche Peter Hujar, un artista che entrambi adoravamo e le cui foto in bianco e nero degli emarginati queer mi emozionavano da anni. Il giorno prima ero andato a trovare il mio ex in quello che era stato il nostro appartamento a Park Slope e in cui lui continuava ad abitare. Nel frattempo si era sposato con un uomo di qualche anno più giovane e insieme avevano avuto un figlio, ricorrendo alla possibilità dell'utero in affitto. Insomma, una simpatica famiglia gay modello. Nessuno degli artisti e delle artiste che esponevano in quella mostra aveva avuto una vita romantica felice, nemmeno Hujar. Al contrario, la maggior parte di loro aveva combattuto con la solitudine per tutta la vita, morendo troppo presto.

Chiesi ad Hanya se credeva che l'amicizia potesse rappresentare un vero e proprio modello di vita, un modello in grado di compensare o sostituire quella della coppia. Mi accorsi già dal tono speranzoso in cui avevo posto la domanda che stavo dando voce a una mia fantasia: nella domanda proiettavo la soddisfazione di un desiderio. Hanya scosse il capo, dicendo che chi vive da solo in fondo rimane sempre solo, perché alla fine tutti, anche le amiche e gli amici più stretti, scelgono di vivere in coppia e dunque non hanno più tempo per noi. All'epoca le risposi che mi rifiutavo di pensarla così. Oggi non sono più certo che le darei torto.

Ma io volevo davvero condividere la mia vita con qualcuno? Le relazioni d'amore possono trasmettere la sensazione di un porto sicuro, essere mediocri e belle allo stesso tempo, così come possono sfuggire al nostro controllo e farci oltrepassare certi limiti, il che può avere un suo fascino. Conoscevo entrambe le varianti ed entrambe, in certi giorni, mi sembravano migliori della vita che conducevo. Eppure, a un certo punto ho smesso di desiderare una relazione. Forse perché era diventato troppo doloroso farlo, o perché era subentrata una profonda disperazione. Una disperazione che si spacciava per senso della realtà, quasi mi dotasse di uno sguardo ragionevole sul mondo e sul mio posto nel mondo. Tornavano puntuali anche i giorni in cui mi sentivo riafferrare dalla nostalgia e dal desiderio, anche perché gli ultimi anni non erano stati del tutto privi di vicinanza fisica. Di tanto in tanto mi ero incontrato con qualche uomo, per un caffè o per andare a una mostra. In quelle occasioni avevo la sensazione che loro percepissero il bisogno che mi sforzavo di nascondere in tutti i modi, tanto da rimanere poi scioccato quando lo vedevo riflesso nei loro volti. Mi capitò anche di passare la notte con qualcuno di loro, ma se la cosa si ripeteva non scattava mai un senso di intimità e mi sembrava che la cosa dipendesse sempre da me. Mi sembrava che fossi io a privarmi di qualcosa.

Durante la pandemia questo tipo di incontri non potevano avere luogo e, a dire il vero, ne ero sollevato. In quel periodo sarebbe infatti stato difficile fare i conti con la convinzione interiore di cui tutti quei momenti si nutrivano e che adesso avvertivo con particolare intensità, una convinzione che era riuscita a sopravvivere ad anni di psicanalisi, terapia e gruppi di aiuto, che certo l'avevano smussata, cambiata o anche messa a tacere di tanto in tanto, senza tuttavia mai sradicarla: la convinzione che io non potessi essere veramente amato, che non fossi del tutto degno d'amore. Che io e il mio corpo non fossimo adeguati come oggetto di desiderio, come qualcuno su cui proiettare delle fantasie sessuali. Che la vita con me fosse troppo complicata, che i miei problemi mentali fossero troppo pesanti per poter essere condivisi con qualcuno, senza prima filtrarli.

Sapevo che si trattava di una convinzione irrazionale; avevo riflettuto sulle sue cause e imparato, nei limiti del possibile, a gestirla, affrontarla e conviverci. Ma questo non le impediva di tornare e formare così la struttura grammaticale di base su cui poggiava l'immagine che avevo di me stesso. Portare dentro questa convinzione significava privarmi di quello che desideravo. Come si fa a cambiare percezioni di sé così radicate da sembrare verità incontrovertibili? In fondo è più facile rinunciare ai propri desideri, almeno per un po'.

Da un certo punto di vista, per chi vive da solo, tutta la vita assomiglia a una perdita ambigua. Si rimpiange un partner che non si ha più o che non si ha ancora e, oscillando tra fiducia, tristezza e rimozione, si tenta, come soluzione di ripiego, di rinunciare all'idea di una vita in due. In questo modo la vita subisce continue battute d'arresto, perché non si sa come andare avanti o anche solo perché si teme che, con il passo successivo, si possa dare un ulteriore fondamento alla vita da soli.

Più si invecchia e più questo conglomerato di perdite ambigue cresce. Le perdite emergono nei momenti più impensabili e nella maggior parte dei casi si cerca di affrontarle come meglio si riesce, sforzandosi di non perdere la calma e la fiducia, e concentrandosi sugli aspetti del quotidiano che funzionano e danno piacere. Poi capita di fare una passeggiata nel parco di Hasenheide, in uno di quei periodi in cui il sole non si fa scorgere e le notizie che arrivano raccontano un'altra volta di orrori inimmaginabili, e improvvisamente ci si trova a osservare un padre che insegna a giocare a calcio alla propria bimba di due anni. Mentre questa, concentratissima, dimostra una sorprendente abilità nel calciare il pallone con un piede per poi corrergli dietro e ricalciarlo con l'altro, bisogna sforzarsi per trattenere le lacrime, lì fuori, in mezzo al parco, perché avremmo voluto essere dei padri così o almeno perché c'è stato un momento in cui credevamo che lo saremmo diventati.

Quando si vive da soli, l'aspetto più difficile delle perdite ambigue non è tanto il dolore causato dalla mancanza di una relazione. Molto più difficile è rinunciare a tutti i sogni che si nutrivano per la propria vita, a tutte quelle fantasie che di solito si hanno. Si rimpiange cioè un modello di vita che non solo ci viene proposto da tutte le parti, ma che in fondo si interiorizza anche individualmente. Occorre allora imparare a liberarsi dell'idea di fondare una famiglia, di avere figli e vederli crescere, di poter un giorno guardare indietro alla propria vita di coppia, e poter dire: "Guarda un po', non è poi andata così male".

Presto o tardi viene poi meno anche la capacità di immaginare altre forme di vita in due. Nel suo illuminante saggio

Desire/Love, Lauren Berlant si è chiesta quanto sia necessaria la forza della fantasia per poter amare. Per la studiosa, l'amore rappresenta un sogno in cui il nostro desiderio viene ricambiato, un sogno alimentato dai nostri desideri sessuali, dai valori culturali, come anche dalla forza psichica esercitata da istituzioni sociali quali il matrimonio. Secondo Berlant, è solo grazie a questo fondamento dato dal sogno che riusciamo a sopportare l'ambivalenza delle persone che amiamo e a reggere la sostanziale precarietà delle nostre relazioni. «Che sia sul piano psicanalitico, istituzionale o ideologico», afferma Berlant, «l'amore è sempre condannato a essere il risultato di una fantasia.»[5] Solo la nostra capacità immaginativa rende possibile la magia dell'abbandono.

Per molto tempo le fantasie legate all'intimità e all'amore non mi erano mancate, anzi, semmai ne avevo in eccesso. Tuttavia, con l'aumentare delle perdite ambigue e dei modelli di vita cui sentivo di dover rinunciare, la forza necessaria per tenere in piedi quelle fantasie pur così vitali si è via via spenta. E allora, invece di continuare a conviverci, ho preferito abbandonarle. Mi sembrava la cosa più sensata da fare.

Nel suo saggio *Amore liquido*, Zygmunt Bauman descrive le relazioni d'amore come la più frequente, intensa e inquietante esperienza di ambiguità che si possa fare nella vita fluida della modernità. Le relazioni d'amore «vacillano costantemente», scrive Bauman, tra «un dolce sogno» e «un orribile incubo», ed è per questo che la nostra società, così ossessionata dal benessere psicofisico, vi dedica tanta attenzione.[6] Andrebbe forse aggiunto che questo tipo di esperienza non riguarda solo chi vive un rapporto di coppia, perché le relazioni d'amore rappresentano spesso un sogno e un incubo anche per quelli che non ne hanno o non possono averne una. In questi casi, la lacerazione interiore è forse ancora più forte.

Alcuni anni fa, mentre mi trovavo per qualche mese a Londra, dove in seguito alla fine di una relazione difficile precipitai in una depressione, un amico mi portò alla riunione del gruppo di autoaiuto Sex and Love Addicts Anonymous. Non so perché Tom pensasse che gli incontri di quel gruppo potessero essermi d'aiuto, certo sapevo che il sesso e l'amore possono anche assumere dimensioni di dipendenza, l'avevo capito soprattutto negli anni in cui passavo di festa in festa, bevendo molto e assumendo droghe, ma ora ero certo che quel tipo di cose non mi riguardasse più. Ero diventato più adulto rispetto ad allora, più equilibrato, più ragionevole. Con mia sorpresa, le riunioni di quel gruppo furono una rivelazione. Anche se la vita sembrava avere preso altre strade rispetto a quella della maggior parte dei partecipanti, riuscivo a identificarmi con loro.

Tra gli argomenti affrontati agli incontri, mi affascinava in particolar modo quello chiamato "anoressia affettiva e sessuale".[7] Mi sembrava di riuscire a capire bene a cosa si riferisse quel termine. Lo stesso valeva per le altre persone presenti, poco importa se arrivavano all'incontro in preda all'imbarazzo dopo il terzo appuntamento in un sex club, o se avevano passato gli ultimi dieci anni senza relazioni sentimentali né sessuali, continuando a ricordare con sofferenza l'ex partner. Come spiegavano i testi consigliati a quegli incontri, l'anoressia affettiva e sessuale si manifesta quando si alimenta in modo inconscio uno stato di fame emotiva, spesso sviluppando, senza saperlo, una serie di strategie di difesa. Ecco quindi che appena si ha la sensazione di poter entrare in una qualche forma di intimità con qualcuno, lo si respinge a causa di esperienze passate e perché non si sopporta la propria fragilità. In molti casi scatta un'alternanza di eccessi e rinunce, avventure sessuali e astinenza, totale perdita di controllo o controllo totale, una dinamica difficilmente gestibile che fa sì che non si arrivi mai ad avere quello di cui si ha davvero bisogno: vicinanza vera.

L'anoressia affettiva come anche quella sessuale non sono diagnosi psichiatriche. Finora mi sono imbattuto in questo tema solo negli incontri di quel gruppo, nelle letture che lì si suggerivano e in alcuni articoli apparsi in riviste americane di psicologia. Il terapeuta cui, qualche tempo dopo, parlai della mia autodiagnosi, non ne sapeva quasi nulla. Quella teoria mi aveva però aiutato, offrendomi per la prima volta una spiegazione convincente per quegli aspetti della vita cui non riuscivo a dare una risposta.

A lungo rimasi legato a quella spiegazione, condividendola con amiche e amici e riportandola alla mente ogni volta che qualcuno provava a baciarmi al primo appuntamento o anche solo a flirtare con me, ogni volta che volevo rimanere il più possibile invisibile scendendo in strada. Oggi però non so più se quella spiegazione, che pure mi è stata così d'aiuto, sia ancora valida per me, o se piuttosto non sia diventata qualcosa che mai avrebbe dovuto essere: una variante del vecchio ritornello in cui mi dicevo che non ero degno d'amore. Un'altra conferma del fatto che sono troppo problematico per pensare di stare con altre persone e per essere capace di una vera intimità. Una conferma del fatto che io, questo groviglio di sintomi psichiatrici, faccio bene a rimanere da solo. La conferma definitiva che non sono degno d'amore.

In quel periodo londinese in cui frequentavo le riunioni di gruppo, affrontando la mia anoressia affettiva, avevo ricominciato a fumare. Cinque anni dopo, al culmine della pandemia, ho smesso di nuovo. C'entrava forse la paura del virus e delle complicazioni polmonari che comportava, ma può anche darsi che le lunghe passeggiate quotidiane avessero messo in moto certi pensieri. E forse avevo anche bisogno di riprendere il controllo su qualcosa, in un momento in cui tutto sembrava sfuggire al controllo.

L'interruzione della vita sociale, quell'esperienza liminale, mi toccò così tanto da farmi perdere ogni sostegno, non da ultimo perché mi mancavano i rituali che facevano parte della quotidianità condivisa con amiche e amici. Tutti cerchiamo un sostegno nei rituali. Come spiega il sociologo Janosch Schobin, sono proprio l'ordine e i ritmi ripetitivi della quotidianità a rendere possibile la finzione che ci fa credere che tutto proceda come sempre, la finizione dell'infinito di cui si nutre l'idea di un futuro sicuro. In altre parole, rendendo quotidiane le nostre relazioni, proviamo un senso di affidabilità e di stabilità, in un certo senso è un modo per tenere a bada «la paura dei mortali dinanzi alla morte».[8]

Nei mesi della pandemia facevo fatica ad affrontare quella paura. Può darsi che per questo motivo abbia anche iniziato a dare altri contenuti e altre forme a una quotidianità, che per molti aspetti era venuta meno. Oltre alle passeggiate, la sera iniziai a guardare con regolarità una di quelle serie menzionate prima, che ruotavano attorno a storie di amicizia. Nella maggior parte dei casi si trattava di serie che avevo già visto e ritrovare quei vecchi conoscenti aveva un effetto consolatorio. Mi rassicurava, trasmettendomi, non saprei dire perché, la sensazione di una realtà alternativa.

Iniziai anche a lavorare a maglia ogni sera. Era l'attività ideale per accompagnare le serie, un modo per fare qualcosa di sensato con le mani mentre le guardavo. Negli anni precedenti ero stato spesso in cerca di attività che non avessero a che fare con il mio lavoro. Oltre a corsi di francese, avevo frequentato un corso di disegno, che mi aveva portato a trascorrere i venerdì pomeriggio di un'intera estate nel giardino botanico per imparare a disegnare astri, dalie e girasoli. Avevo anche imparato a lavorare all'uncinetto, dedicando tutto un inverno alla creazione di una grande coperta colorata fatta di intrecci di fiori, per i quali avevo seguito un complicato schema irlandese. Queste attività mi rilassavano, per quanto mi sembrassero occupazioni piuttosto sciocche. In ogni caso, nel corso degli anni erano diventate un mezzo che mi aiutava ad affrontare le turbolenze della vita, trasmettendomi un momentaneo senso di pace.

Anche il lavoro a maglia serale aveva un che di meditativo. Avevo la sensazione che mi assicurasse un legame immediato con il mondo, ancorandomi in maniera più salda al presente. Iniziai con alcuni scaldapolsi e calzini, per me e per un paio di amiche. E appena diventai un po' più bravo, mi misi a fare guanti, berretti, maglioni e giacche dai colori sgargianti per i bambini della cerchia di amici e conoscenti.

Il lavoro a maglia è complesso. Richiede molto più esercizio di quel che si immagina sulle prime e la soddisfazione cresce man mano che si migliora, la maglia si fa più regolare e i pezzi creati più belli. A quel punto si possono imparare tecniche per curare i dettagli, arrivando a fare occhielli che non si allargano, spalle che non cadono o anche colletti che stanno fermi senza essere troppo stretti. Ciononostante ci si confronta sempre con difficoltà vertiginose. Quando si tiene in mano per la prima volta una combinazione di cinque sottili ferri da maglia a doppia punta, si dubita persino dei fondamenti della logica e della geometria. Per non parlare di complicati motivi a trecce e di quelli simmetrici, del punto coste e del punto traforato, dei punti ajour e zigzag, degli schemi jacquard o degli intarsi colorati, che tanto vorrei saper fare.

Forse il lavoro a maglia ha un effetto rassicurante perché ci mette in connessione con il sapere collettivo delle generazioni precedenti. Con le nostre madri, nonne e bisnonne e con tutte le loro speranze, l'amore e le delusioni. Con i nomadi mongoli, che ricavavano abiti caldi dalla lana dei loro yak, con gli uomini delle Highlands scozzesi, che lavoravano la lana di pecora, con le famose *tricoteuses*, che crearono l'iconico *bonnet rouge* durante la Rivoluzione francese. Lavorare a maglia significa trasformare, al pari di tutti loro, un gomitolo di lana in qualcosa che si può indossare, dando così un nuovo ordine al caos della vita. Non si creano dunque solo abiti, ma anche significati. A differenza della vita reale, si ha comunque la possibilità di aggiustare maglie che cadono, di correggere oppure anche disfare tutto, raggomitolando la lana per farne qualcosa di completamente diverso. Il lavoro a maglia è il passatempo migliore quando fuori fa freddo, il passatempo migliore per una pandemia. Si accetta la propria solitudine e la si trasforma in qualcosa di bello.[9]

Per Victor Turner la condizione di liminalità equivale a «un tempo e un luogo di ritiro dalle modalità normali di azione sociale», a una fase in cui si ripensano e rivedono anche «i valori centrali e gli assiomi» della nostra vita e della nostra cultura.[10] Secondo lo studioso, questo stato implica sempre anche una specie di riflessione meditativa, un ripensare sé stessi e il mondo, un «giostrarsi tra i fattori dell'esistenza».[11] La liminalità rappresenta per Turner una categoria universale dell'esperienza umana, uno degli ingredienti centrali del dramma e del mistero della vita vissuta.

Se ripenso a quei mesi così fuori dal tempo, mi rendo conto che i fattori dell'esistenza tra cui mi barcamenavo non erano quelli che mi ero immaginato. Certo, le notizie che arrivavano giorno dopo giorno condizionavano le mie giornate, così come mi mancavano, e anche molto, le persone a me vicine, ma allo stesso tempo avevo iniziato a vivere la mia solitudine in maniera diversa, esponendomi a tutte quelle perdite ambigue su cui non avevo voluto soffermarmi per molto tempo.

Come si superano le perdite quando non sono definitive? Come si rinuncia a qualcosa cui si fatica anche solo a dare un nome? Vogliamo che il lutto abbia una fine, che a un certo punto arrivi al termine, ma in verità soffriamo, andiamo avanti con la nostra vita per poi tornare a soffrire, soffriamo un'altra volta e poi ancora, e certe volte le perdite sono così ambigue che non può esistere un punto finale.[12] Iniziai a elaborare il mio lutto ammettendo a me stesso che mi sentivo perduto, che i miei tentativi di trovare una spiegazione erano finiti. Forse poteva essere questo il primo passo per ritrovarmi.

Più passava il tempo e più cercavo di allontanarmi dall'idea che un giorno avrei trovato una persona con cui invecchiare e fare una famiglia. Tentavo anche di allontanarmi dall'idea che gli amici e le amiche potessero in qualche modo sostituire una relazione d'amore e potessero salvarmi dal mio essere solo. Capita che restiamo ancorati a qualcosa con tutte le nostre forze, senza essere in grado di mollare la presa, solo perché ci siamo abituati al dolore di quella presa stretta e perché accettiamo che tante cose ci facciano male. Forse era questo il mio caso. Pian piano iniziai a sciogliere le maglie della vita, per fare qualcosa di nuovo con il filo. Solo che non sapevo ancora cosa.

I GIORNI A FAMARA

Pochi giorni dopo Capodanno un mio conoscente fu trovato morto nel suo appartamento. Venni a saperlo attraverso un amico comune. Peter aveva la mia età. Aveva uno studio di psicanalisi ben avviato, conosceva mezzo mondo e, con il suo fascino e il suo senso dell'umorismo, ci metteva poco a conquistare gli altri. Vista da fuori, la sua appariva come una vita perfetta. Nei mesi precedenti avevo ignorato le sue telefonate. Come nel caso di molti uomini omosessuali che conosco, la sua vita notturna si era trasformata, dopo un'iniziale fase serena, in una pesante dipendenza, con tutte le conseguenze tragiche che ciò comporta. L'avevo conosciuto quando aveva cercato aiuto per la prima volta. Dopo un anno in cui era riuscito a vivere senza Chrystal Meth, GHB e MDMA, le droghe che gli avevano permesso una vita sessuale spensierata, aveva intrapreso un susseguirsi di alti e bassi, di momenti di speranza e successive ricadute. Per chi gli stava attorno la sua morte fu un duro colpo. È morto di overdose. L'uomo con cui aveva trascorso la notte era fuggito dal luogo in cui si trovavano. Non si sapeva se la morte di Peter fosse stata un incidente, se fosse stato ucciso o se avesse scelto lui di morire.

La notizia della sua morte arrivò in un momento in cui nonostante qualche sporadico bagliore di speranza regnava in me un senso di sconforto. La pandemia perdurava da ormai quasi un anno. Dopo vari preparativi ero tornato a trascorrere il Natale in compagnia di Marie, Olaf e John, ma prima e dopo avevo incontrato solo poche persone e in ogni caso solo per una passeggiata. Avevo smesso di usare i mezzi pubblici. I musei, i cinema, l'opera, i teatri e le sale concerti erano chiusi da così tanto che avevo ormai dimenticato che esistessero. Molto di ciò che una volta teneva insieme la mia vita semplicemente non esisteva più. Da quasi un anno non avevo più toccato una persona, e salvo qualche reazione spontanea nemmeno più abbracciato nessuno.

Come se non bastasse, dopo le festività il numero dei contagiati aveva raggiunto un nuovo picco, e in Gran Bretagna e Sudafrica erano state scoperte varianti più pericolose e più trasmissibili, che con molta probabilità si sarebbero diffuse in poco tempo nel resto del mondo. I casi di morti aumentavano, tra questi anche genitori di amici e amiche, ma anche persone come Peter. Non ero l'unico a sentirsi così. Mi chiedevo quanti sarebbero stati i traumi con cui avremmo dovuto imparare a convivere, nel caso la pandemia fosse giunta al termine.

Non era proibito viaggiare, ma era stato sconsigliato a chiare lettere. Nelle settimane precedenti, assieme a David e Rafa, due dei miei migliori amici, avevamo pensato e ripensato se era il caso di prendere un aereo e partire. Quell'estate, quando nessuno ancora riusciva a credere che la pandemia ci avrebbe accompagnati in vari modi per diversi anni, avevamo programmato una vacanza a Lanzarote. Qualche giorno prima di quel volo, avevo fatto una lunga passeggiata con Gabriele, un'amica settantenne della cui saggezza mi fido molto, chiedendole se secondo lei poteva essere moralmente approvabile la scelta di una vacanza al sole proprio in quel momento storico. In realtà no, mi rispose, aggiungendo però che naturalmente ci dovevo andare, nonostante le difficoltà, gli ostacoli e i rischi che la scelta comportava. Mi avrebbe fatto bene, disse, e bisognava concedersi queste eccezioni, lo facevamo tutti, altrimenti non saremmo stati in grado di sopravvivere a quella situazione.

Quindi ero partito ed era bastato scorgere Famara, una cittadina sulla costa occidentale dell'isola, per avere la certezza che venirci fosse stata una buona decisione. Il blu luminoso del cielo al tramonto disegnava un arco sopra i campi e i monti vulcanici i cui colori andavano da un rosso ruggine chiaro al nero profondo. All'orizzonte si potevano intravedere le strisce di schiuma della baia in movimento. Eravamo circondati da alberi di palme, e tutto il paesaggio, che emanava una bellezza lunare, era costellato di macchie di colore verde, piccole piante e arbusti spuntati dopo la pioggia di qualche giorno prima. Il mio corpo, ancora pervaso dall'inverno berlinese, gioiva. Avevamo aperto il tettuccio della nostra cabrio. Sentivo l'aria calda sul viso, mentre gli occhi, coperti dagli occhiali da sole, cercavano di abituarsi ai nuovi rapporti di luce. Per tutti e tre era la prima volta su quell'isola e tutti e tre provavamo le stesse sensazioni, qualcosa che non avevamo mai sentito prima. Fino a quel momento non avevo capito quanto mi era mancato questo lato semplice della vita.

Le persone che vivono da sole, anche quelle più ottimiste, ammettono di tanto in tanto quanto sia improbabile per loro l'idea di ricominciare un rapporto d'amore. Ricordo innumerevoli conversazioni con amiche e amici, i quali mi avevano parlato proprio di questa forma di sconforto, di cosa significasse per loro sentirsi esclusi dal mondo di coloro che possono amare ed essere amati. All'epoca non li capivo bene e pensavo, dicendoglielo, che fossero loro ad avere uno sguardo distorto sulla propria situazione. Ora che le cose erano cambiate e la maggior parte di loro aveva una relazione mentre io mi ritrovavo da solo, la vedevo in modo diverso.

Mi chiedevo però se la parola sconforto fosse adeguata per descrivere il mio stato d'animo. In un certo senso ero più compassato, ma allo stesso tempo anche più disperato. In quei momenti ripensavo al concetto di *akédia* che Roland Barthes introduce nel suo libro *Comment vivre ensemble* e che aveva trovato molta risonanza dentro di me. Barthes attinge a questo concetto, le cui origini risalgono al primo cristianesimo, per riferirsi a un'angoscia, un'amarezza, un'aridità del cuore. Nella sua interpretazione non significa non credere nell'amore, ma piuttosto perdere interesse per l'amore stesso.[1] Barthes definisce dunque l'acedia come desolazione, come impotenza ad amare, aggiungendo le seguenti parole per descrivere meglio questa condizione: «Angosciato, perché non so come tornare a mettere un po' di generosità nella mia vita – o un po' d'amore. Come amare?».[2] Era proprio questo il mio stato d'animo. Erano queste le domande che mi facevo.

Barthes non era stato l'unico a riflettere sulle conseguenze dello sconforto romantico. Anche Walt Odets, che da molti decenni esercita la professione di psicoterapeuta a Berkeley, ha scritto molto in proposito. Nel libro *Out of the Shadows* spiega come questi sentimenti siano particolarmente diffusi tra uomini omosessuali.[3] Credo che questa valga per molte persone queer, che siano lesbiche, gay, bisessuali o transgender. Per molti e molte di noi sembra essersi avverato quello da cui eravamo stati messi in guardia, anche con le migliori intenzioni, quando eravamo giovani, e cioè che il nostro essere diversi e diverse ci avrebbe condannati a una vita in solitudine e priva di amore.

La prima volta in cui provai questo tipo di sconforto, l'acedia, fu agli inizi degli anni Novanta. Avevo quattordici anni ed ero innamorato di un ragazzo della sezione parallela, che aveva un bell'aspetto, lunghi capelli biondi e che, soprattutto, trasmetteva una padronanza di sé che sembrava voler dire che non aveva mai messo in discussione il proprio corpo e la propria sessualità. Per quanto ne sapessi, ero l'unico gay del piccolo liceo nella regione del Mecklenburg che frequentavo, in cui non c'erano ancora stati segnali di tentativi di liberazione da parte dei movimenti omosessuali. Se c'erano altri gay, sapevano nascondersi bene, anche perché erano tempi in cui bisognava farlo. Le notizie sull'HIV erano all'ordine del giorno e tutto faceva credere che quell'epidemia avrebbe cancellato un'intera generazione. Essere gay significava poter diffondere la malattia più stigmatizzata di tutti i tempi. Il mondo intero sembrava odiarci, aspettando solo che morissimo. Era assai chiaro che tanto le avventure sessuali quanto le storie d'amore burrascose mi erano precluse. Forse sarebbero state possibili in un altro momento, che però sembrava essere molto lontano.

A volte ci si nasconde così bene da non sapere più chi si è. Ciò che impariamo nella fase della vita in cui comprendiamo, pur senza esserne consapevoli, quasi tutto di noi stessi – chi siamo, chi possiamo essere, chi abbiamo il diritto di essere –, tutto ciò rimane in noi e fa sentire i propri effetti per molto tempo. Molti anni più tardi, quando vivevo a Park Slope con il mio partner e il sabato mattina andavo a fare la spesa al Farmer's Market, pensando nel frattempo a dove saremmo andati a ballare la sera, mi sembrava che il gioco a nascondino dell'età giovanile non facesse ormai più parte di me. Ricordo ancora una seduta con Ona, la psicanalista da cui andavo all'epoca. La frequentavo con regolarità da almeno sei mesi perché la depressione era sempre lì, dietro l'angolo, indipendentemente da quel che facessi, e qualche volta avevo perfino la sensazione di non sapere più perché fossi in vita.

Insieme eravamo riusciti a individuare un paio di argomenti problematici, avevamo parlato dei miei disturbi alimentari, dei motivi per cui bevevo così tanto, del mio complicato rapporto con il corpo, del bisogno di conferme sessuali, come anche del perché continuavo a essere infedele al mio partner nonostante non volessi. E quasi sempre eravamo arrivati a un punto in cui non riuscivamo ad andare avanti. Un giorno lei mi chiese se mi vergognassi di essere omosessuale. Negai con una veemenza che sorprese anche me. Erano anni che non mi nascondevo più, affrontando apertamente la mia sessualità. Vivevo con un uomo, in una città in cui questo non era certo un caso raro. Per quale motivo avrei dovuto vergognarmi? Ona non disse nulla e, dinanzi a quella reazione così impetuosa, si limitò ad alzare le sopracciglia.

Rafa e David erano due ottimi compagni di viaggio. Da diversi anni ci capitava di viaggiare insieme. Avevamo festeggiato il mio quarantesimo compleanno insieme a Parigi, eravamo stati a Venezia per la Biennale e a Madrid alla ricerca di un famoso ristorante peruviano. Nel corso degli anni era stato Rafa a trovare per primo un compagno. Anche David aveva nel frattempo una relazione, che sembrava potesse durare. Mi piacevano i loro partner. Nonostante le loro vite fossero cambiate, continuavamo a partire insieme.

Rafa ha dieci anni meno di me, David quindici di più. Per certi aspetti apparteniamo a tre diverse generazioni di omosessuali. David fa parte della generazione cresciuta nel terrore della morte in seguito all'epidemia dell'HIV. Io invece di una generazione che, pur essendo cresciuta con le notizie e i dati relativi a quell'orrore, aveva raggiunto l'età adulta in un periodo in cui la malattia riusciva a essere sempre più arginata. Rafa, infine, appartiene a una generazione per la quale tutto questo non sembra più avere così tanta rilevanza e che tende a dare per scontati i diritti e le libertà di cui oggi godono le persone queer. Ciascuna di queste generazioni deve affrontare i propri traumi legati al senso di vergogna. Ognuna si è costruita la vita a modo suo.

La vergogna, soprattutto nella vita delle persone queer, è più di un sentimento. Eva Kosofsky Sedgwick l'ha definita una sorta di radicale libero, in grado di legarsi quasi a tutto, cambiandone il significato. Che si tratti della percezione del proprio corpo, di un determinato comportamento, dei nostri sentimenti o affetti: la vergogna queer, scrive la studiosa, incide su tutti i nostri rapporti come anche sull'immagine che abbiamo di noi stessi.[4]

Nel libro *The Velvet Rage*, lo psicologo Alan Downs indaga la portata di un tale senso di vergogna. Sull'esempio degli uomini omosessuali, Downs dimostra come in molti casi il messaggio che il desiderio degli omosessuali sia meno "plausibile" o "naturale" di quello delle persone eterosessuali venga veicolato già negli anni dell'infanzia e della giovinezza. Secondo Downs, la vergogna che ne deriva si trasforma nel corso della vita in un principio d'ordine interiore, in qualcosa con cui ci si scontra sempre e che in qualche modo deve essere compensato. Quella che una volta era stata solo un'emozione, scrive sempre Downs, si conficca nella nostra psiche, fomentando convinzioni rigide e viscerali che ci portano a credere che in noi non funzioni qualcosa di basilare e dunque anche che, per sopravvivere, dobbiamo lavorare su noi stessi per trasformarci in qualcosa che si possa amare.[5]

Il senso di vergogna queer non è però solo il frutto di una dinamica mentale, bensì anche qualcosa di istituzionalizzato in termini sociali. Come spiega Didier Eribon nel libro *Riflessioni sulla questione gay*, sul piano sociale le persone queer sono continuamente esposte a offese stigmatizzanti e categorizzazioni denigratorie, che fanno sì che a loro vengano assegnati posti ben definiti nell'ambito delle strutture gerarchiche e patriarcali delle società in cui viviamo. Tutte e tutti noi cresciamo imparando quale posizione gerarchica spetti a quale genere, sessualità e corpo. E anche quale dei rapporti con le persone a noi care sia "giusto" o "sbagliato". Questo sapere è una parte indelebile di noi, che viene di continuo riconfermata dalla maggioranza della società. Pur rifiutandolo, ce lo teniamo dentro.[6]

Le dinamiche mentali come anche le forme di istituzionalizzazione sociale della vergogna hanno una lunga storia. Una storia che in Germania è più inequivocabile che altrove. Il regime nazionalsocialista considerava gli omosessuali dei "degenerati" e vedeva in loro una minaccia per il "carattere mascolino" del popolo tedesco. Sradicare l'omosessualità era pertanto il suo obiettivo dichiarato. Anche semplici sguardi desiderosi erano sufficienti per un procedimento penale. Gli omosessuali venivano torturati, castrati chimicamente e sottoposti a trattamenti medici. Si stima che circa 15.000 persone queer siano state deportate nei campi di concentramento, dove più della metà ha trovato la morte. La persecuzione è continuata anche dopo la caduta del nazionalsocialismo e la fine della Seconda guerra mondiale. Alcuni dei sopravvissuti ai campi di concentramento, vennero infatti di nuovo internati dalle forze di occupazione.

Per molti decenni gli omosessuali, le lesbiche e le persone trans non sono stati contati tra le vittime del nazionalsocialismo. I loro diritti non rientravano nei diritti umani, e pertanto non erano tutelati dalla costituzione.

Il paragrafo 175, che dalla fondazione del Reich tedesco prevedeva una pena per l'omosessualità maschile, era stato quasi cancellato durante la Repubblica di Weimar dall'allora ministro alla Giustizia Gustav Radbruch. Quel paragrafo era stato applicato in più di 100.000 inchieste, portando in oltre 50.000 casi alla condanna di omosessuali. Dalla prospettiva odierna fatichiamo a immaginare le vite delle persone colpite da questi procedimenti, sebbene non risalgano poi a così tanto tempo addietro. È difficile anche solo immaginarsi le limitazioni interiori e l'orrore latente che doveva comportare la vita in una società da cui si era rifiutati, perseguitati, ricattati e costretti a reprimere i propri desideri naturali o a viverli, nella migliore delle ipotesi, di nascosto. Una società in cui si era condannati a rinunciare a un'esistenza gratificante e privati della possibilità di vivere appieno la condizione di esseri umani.

In Germania l'omosessualità tra uomini sopra i ventuno anni è stata depenalizzata soltanto nel 1969, nel 1972 venne depenalizzata anche per gli omosessuali sopra i diciotto anni. Nella Repubblica Democratica Tedesca questo era già avvenuto, rispettivamente, nel 1957 e nel 1968, anche se gli omosessuali e le lesbiche continuarono anche qui a essere sorvegliati, penalizzati, combattuti e perseguitati in quanto rappresentanti di uno stile di vita *bourgeois*. Soltanto nel 1990 l'Organizzazione mondiale della sanità ha cancellato l'omosessualità dal catalogo delle malattie psichiche. Soltanto nel 1994 – io avevo sedici anni – il paragrafo 175 è stato eliminato dal Codice penale della Germania riunificata. Soltanto nel 2002 le vittime omosessuali del nazionalsocialismo sono state riabilitate dal Bundestag, soltanto nel marzo del 2017 è stata approvata la riabilitazione delle vittime dei procedimenti penali da parte dello Stato tedesco. Molti di loro a quel punto erano già morti da tempo. Soltanto nell'ottobre del 2017 è entrata in vigore la legge che permette alle coppie gay e lesbiche di sposarsi. Soltanto da dicembre 2018 la Germania riconosce il diritto a un'identità sessuale diversa.[7]

Il passato, si sa, non passa mai del tutto. Ciò che è stato, scrive il sociologo francese Pierre Bourdieu, è inciso per sempre non solo nella nostra storia, ma anche «nella vita sociale, nelle cose e nei corpi»: la nostra storia determina sempre i nostri schemi di pensiero e di percezione.[8] Se per secoli e secoli una società tratta un gruppo di persone come criminali, malate e prive di valore, è molto probabile che questo stesso gruppo di persone prima o poi farà proprie quelle categorizzazioni. Come osserva Roxane Gay, quasi sempre, e il discorso vale anche oggi, i giudizi espressi dalla parte maggioritaria della società, la società bianca che poggia su strutture patriarcali, contano anche più del modo in cui noi ci giudichiamo. Una volta accettati, scrive ancora Gay, quei giudizi si diffondono nel corpo come un'infezione, dando vita a depressioni, dipendenze o altre manifestazioni fisiche del nostro silenzio.[9]

Tutto questo può sembrare una forma di violenza sessualizzata e in effetti proprio di questo si tratta: di una forma di violenza sessualizzata.

Oggi sono in grado di riconoscere in me la vergogna queer. Per esempio, quando nei giorni di malumore tendo a evitare le persone in strada, soprattutto gli uomini gay, tenendo lo sguardo basso. O quando mi allontano da un uomo che mi piace, temendo che lui possa accorgersi dei miei sentimenti. O, ancora, quando nelle fasi buie torno a mangiare in modo compulsivo, oppure a digiunare, contando le calorie e facendo sport in maniera ossessiva. Oppure quando tutto d'un tratto la timidezza prende il sopravvento in occasione di incontri importanti o di eventi pubblici, tanto che devo concentrarmi per ritrovare me stesso prima di riuscire a dire qualcosa.

Allo stesso modo, sono in grado di riconoscere questa vergogna nelle altre persone queer. Nei gay che in strada squadrano altri gay con uno sguardo incredibilmente duro. Nelle amiche e amici queer che ostentano una vita borghese come se in questo modo potessero cancellare le ferite subite. Negli omosessuali bianchi di una certa età che difendono posizioni misogine, transofobe e razziste, appellandosi al presunto "lucido buonsenso" della maggioranza della società di cui si considerano parte. In coloro che a ogni incontro sciorinano la lista delle proprie conquiste sessuali, incapaci di allontanarsi da un mondo che ha anche tratti distopici.[10] Negli uomini gay, nelle donne lesbiche, negli uomini e nelle donne trans che incontro nel gruppo di autoaiuto che frequento da anni, quando condividiamo le nostre esperienze con alcol e droghe, quelle dipendenze che per decenni hanno segnato le nostre vite e con cui le persone queer devono combattere in media più spesso e più degli altri.

Ogni volta in cui percepisco questo senso di vergogna, tento di affrontarlo con l'unico atteggiamento che può essere d'aiuto in questi casi: un atteggiamento di accettazione e amore. Non sempre mi riesce.

La vergogna cresce nell'ombra. Solo a Lanzarote ho capito che la lunga solitudine in cui mi aveva rinchiuso la pandemia dipendeva anche dal fatto che ero rimasto completamente solo anche con i miei discorsi interiori, con tutte le accuse, i sensi di colpa e di vergogna cui mi esponevo per lo più senza rendermene conto. Quando le giornate trascorrono in solitudine, non c'è nessuno che ci aiuti a tenere a bada questo tipo di pensieri.

Anche a Famara mi svegliavo presto, mi facevo un caffè e, con la tazza in mano, raggiungevo la spiaggia dalla nostra terrazza. Lasciavo che l'acqua del mare mi bagnasse i piedi, mentre osservavo il sole spuntare dalle montagne. Al mio rientro Rafa e David erano quasi sempre già in piedi e la nostra giornata insieme poteva iniziare condividendo la colazione. Qualche volta andavamo alla scoperta dell'isola in tre, raggiungendo un punto panoramico particolarmente bello oppure un ristorante di cui avevamo letto. Altre volte ciascuno si dedicava alle proprie occupazioni e il punto centrale della giornata consisteva in un giro insieme al supermercato.

Ogni sera, dopo cena, ci guardavamo un film di Pedro Almodóvar. Quello era il nostro piccolo progetto comune per la vacanza. Quattordici film in quattordici giorni. Li conoscevo già quasi tutti e li amavo a prescindere dalla qualità, nella maggior parte dei casi mi ricordavo anche dove li avevo visti la prima volta, in quale fase della vita mi trovavo allora e quanto all'epoca fossero stati importanti per me. Ne ricordavo i colori, il gusto del dramma, l'umorismo assurdo, lo sguardo sull'intera gamma dell'esistenza umana, la celebrazione di quel che sta ai margini, la varietà dei percorsi di vita, le amicizie e le relazioni tra gay e lesbiche, i tanti caratteri transgender, le grandiose attrici come Carmen Maura, Rossy de Palma, Marisa Paredes e naturalmente Penélope Cruz, figure capaci di godersi la vita con grande naturalezza al di là di tutti gli ostacoli, passando da un atto liberatorio all'altro, in una sorta di continua e straordinaria emancipazione da tutta l'immondizia patriarcale e normativa della vita. Inaugurammo la nostra rassegna con *Abbracci spezzati*, che in parte era stato girato proprio a Lanzarote. Dopo un po' mancò il respiro a tutti e tre: avevamo riconosciuto Famara in alcune scene del film. Sullo schermo c'era la nostra spiaggia con dietro i nostri monti.

Non c'è da stupirsi che sia stato Michel Foucault, un filosofo omosessuale, a coniare il concetto di "amicizia come modo di vita", per riferirsi a un tipo di amicizia tra persone queer che non era stato considerato nell'ambito dei confini concettuali in cui il pensiero filosofico aveva fino a quel momento definito l'amicizia, limitandola agli uomini bianchi ed eterosessuali. Nell'elaborare questo concetto, Foucault sfugge alla trappola di pensare l'omosessualità dalla sola prospettiva della sessualità, che riduce di fatto la vita delle persone al domandarsi con chi vanno a letto.[11]

Didier Eribon, che era legato a Foucault proprio da un intenso legame di amicizia di questo tipo, un'amicizia al di fuori delle tradizionali istituzioni sociali e familiari, sviluppò ulteriormente il suo pensiero. Le cerchie di amici, sostiene Eribon, possono costituire uno degli aspetti cruciali nelle vite delle persone queer, «la base di un percorso psicologico [...] che conduce da una solitudine più o meno marcata a una socializzazione più o meno forte». Dal suo punto di vista, le amicizie attivano il processo di invenzione, individuale e collettiva, di sé stessi.[12] Per le persone queer sono dunque una questione di sopravvivenza, perché è solo grazie alle amicizie che riescono a definire la propria identità.

Famara sembrava volermi ricordare questo: la forza delle amicizie, il sostegno che possono dare nella vita. Le giornate lì erano scandite dalle nostre conversazioni e per questo ci apparivano come un lusso incredibile. Erano conversazioni in corso tra di noi già da alcuni anni, in cui ci raccontavamo con grande naturalezza le nostre vite e in cui c'era una reciproca comprensione per il senso di vergogna di ciascuno di noi, che certe volte reprimevamo mentre altre manifestavamo apertamente – quella era la vergogna con cui ognuno di noi avevo imparato a convivere a modo suo.

Dopo tutto quel tempo trascorso in solitudine, era bello poter parlare del proprio stato d'animo – anche del mio essere solo, della sensazione che forse lo sarei rimasto e del fatto che quello stato mi sembrava definitivo come l'acedia di Barthes, un'aridità del cuore.

Anche prima avevamo affrontato tutti questi discorsi, ma ora qualcosa dentro di me si muoveva e si scioglieva lentamente. Quello che durante il periodo della solitudine cui ci aveva costretti la pandemia era sembrata una verità incontrovertibile, continuava a sembrare una verità, tuttavia un poco meno incontrovertibile.

Anche in quel periodo avevo comunque bisogno di trascorrere del tempo da solo, per mettere ordine nel consueto caos nella mia testa. Sul lato opposto della spiaggia si ergeva il massiccio montuoso di Famara. Ricordando l'esperienza del lago di Vierwaldstätter, appena arrivati sull'isola decisi di esplorare i sentieri per le escursioni. Il giorno dopo David e Rafa mi accompagnarono in macchina sull'altro lato della montagna, ad Haria, una cittadina incredibilmente verde grazie alla presenza di moltissime palme, e da lì partii per la mia prima escursione. Non ero riuscito a convincerli a camminare e loro continuarono a esplorare l'isola in macchina.

Fu una camminata bella e difficile, che mi portò ai limiti di forze e capacità fisiche, premiandomi allo stesso tempo con splendide vedute sul mare, sulla costa e su ampie parti dell'isola. Una volta superata la cima del monte, il sentiero che mi riportava a Famara tornò a essere più percorribile dopo un iniziale passaggio molto ripido, e io mi sentii attraversare da euforiche ondate di felicità. Non avevo mai visto un paesaggio arido così bello. C'era una magia particolare in quel mondo: nei suoi variopinti massicci montuosi, nei muschi e nei licheni che ricoprivano i frammenti di lava, nelle insolite piante succulente, nei cactus, nelle asteracee sferiche e in quelle che assomigliavano a giganteschi soffioni, nelle lucertole che brulicavano, con i loro colli ricoperti di un curioso color turchese. Decisi di tornare il più spesso possibile su quel lato dell'isola. Già il giorno seguente mi misi in cammino, partendo da Famara. Le mie escursioni si trasformarono in una sorta di rituale preserale, dal momento che facevo in modo di rientrare sempre al tramonto, in tempo per la cena e per il film.

In quelle piccole camminate serali mi tornavano alla mente non solo le conversazioni ma anche le letture che avevo fatto, a volte anche molto tempo addietro. Non si trattava di momenti di rivelazione, ma certo dentro di me accadeva qualcosa che mi suggeriva nuovi pensieri e nuove spiegazioni per il mio vivere da solo e per le sensazioni di sconforto che ogni tanto provavo. Spesso mi tornava in mente Alan Downs, l'autore di *The Velvet Rage.* Downs parte dal presupposto che sin dall'adolescenza e dalla prima gioventù le persone queer cerchino stili di vita tali da riuscire in tutti i modi a evitare quel senso di vergogna che sentono crescere in loro. Questo comporta effetti collaterali indesiderati, rapporti instabili, una visione tossica del proprio corpo o, appunto, sensazioni di sconforto come quelle che provavo io. Downs è però anche convinto che prima o poi arrivi per tutti il momento in cui si cerca di dare un nuovo ordine alla vita.

A un certo punto, questa è la sua tesi, si prendono le distanze da quella vita iniziale costruita in modo da evitare il senso di vergogna, per costruirne una nuova. Non è un passaggio rapido e nemmeno qualcosa che avviene in maniera brusca o radicale, quanto un processo lento in cui lo sguardo è concentrato sulle possibilità reali di cui si dispone nella vita.

Le sue erano tesi che mi avevano sempre convinto e forse proprio in quel momento stava iniziando quella nuova fase. Forse, in fondo, la questione non era mai stata che io fossi troppo problematico per poter essere amato, che non fossi degno d'amore, e nemmeno tanto se la mia anoressia emotiva fosse una sorta di riparo alla vicinanza. Semplicemente era solo arrivato il momento di cambiare vita, qualcosa che in principio potevo fare da solo, e forse quel processo era in corso da tempo senza che me ne rendessi conto.

Non ero in grado di dire se queste ipotesi fossero plausibili né se la vita potesse davvero essere riportata a schemi così netti, a modelli costruiti su misura. Ma già quei semplici pensieri mi trasmisero qualcosa che non avevo provato da tempo: fiducia.

In quelle camminate preserali in montagna raramente incontravo altre persone. Al rientro però incrociavo quasi sempre un escursionista che sembrava avere un rituale simile al mio, salvo mettersi in cammino un po' più tardi. Era sempre vestito di nero, doveva avere la mia età, aveva la barba e lunghi capelli neri che lasciavano intravedere qua e là qualche ciocca grigia. Mi sembrava simpatico. Non ero in grado di dire se abitasse sull'isola o se fosse un ospite come me. Le prime volte, incrociandoci, ci eravamo salutati solo con un breve «hola» e un cenno del capo.

Qualche giorno dopo parlai di questo escursionista a David e Rafa e, nel farlo, mi accorsi che mi aveva colpito più di quel che pensassi. Dopo qualche altro incontro iniziammo a sorriderci quando ci passavamo accanto. Probabilmente anche lui si chiedeva chi fossi e cosa ci facessi ogni sera su quel monte. Assieme a David e Rafa finimmo con il fare tutta una serie di ipotesi in merito a quella persona e mi accorsi che in qualche modo lo cercavo, rimanendo sempre un po' deluso se non lo incontravo. Poi un giorno, quando la nostra vacanza stava giungendo alla fine, ci fermammo, scambiandoci un sorriso, e lui semplicemente, mi chiese: «Qué tal?».

Parte delle conversazioni tra David, Rafa e me ruotavano attorno a Peter, che tutti e tre avevamo conosciuto. Tutti e tre eravamo stati fiduciosi quando lui aveva chiesto aiuto, noi stessi avevamo cercato di dargli una mano, tutti e tre avevamo riso molto con lui.

Avevamo dovuto assistere al baratro in cui era precipitato negli ultimi mesi della vita e che a poco a poco gli aveva tolto qualsiasi fiducia. Sul suo volto e nella postura del suo corpo vedevamo l'odio e la vergogna che provava per sé stesso, sapevamo quanto soffrisse di solitudine, la solitudine della dipendenza e della pandemia.

Sapevamo benissimo come era arrivato a tutto questo, perché a tutti e tre era capitato di trovarci su strade simili. Sapevamo anche di essere stati fortunati, molto fortunati. Fortunati di essere ancora in vita.

IL LAVORO SUL CORPO

Da sempre le persone sono sole. Da sempre provano questa sensazione, ovunque, tentando in tutti i modi di evitarla. La solitudine non è un fenomeno moderno né tanto meno contemporaneo. Possiamo anche immaginare le culture e i tempi passati in altri modi, proiettandovi chissà quali idilli bucolici, religiosi o sociali, ma la filosofia e la letteratura hanno sempre affrontato il tema della solitudine. L'hanno fatto in tanti modi, descrivendone varianti diverse a seconda dei contesti culturali. Già nell'antico poema babilonese *Epopea di Gilgameš*, risalente agli inizi del III secolo a.C., si parlava di solitudine. Il testo racconta dell'amicizia tra Gilgameš, divinità e re di Uruk, ed Enkidu, ma anche della tristezza e della solitudine di Gilgameš alla morte dell'amico. L'antichità greca conosceva i miti di Prometeo, Edipo e Sisifo e tutte le varianti del dolore e dell'isolamento sociale. Nell'Antico Testamento Dio crea Eva affinché l'uomo non rimanga solo. Le *Metamorfosi* di Ovidio ci hanno regalato il mito di Narciso che muore nella solitudine del suo continuo specchiarsi e nell'incapacità di sfuggire alla sua stessa prigione mentale.

E, a ben vedere, la scrittura sull'amicizia con la sua tradizione secolare è sempre stata anche una scrittura sulla solitudine e sul dolore. Come sottolinea Jacques Derrida in *Politiche dell'amicizia*, tutti i grandi discorsi sull'amicizia hanno in fondo una struttura testamentaria. Sono testi che innalzano un monumento ad amiche e amici morti, dando allo stesso tempo voce alla solitudine di chi scrive.[1]

Nessuno di noi può sfuggire alla solitudine, un'esperienza esistenziale ineluttabile. E forse anche necessaria.

Verso la fine del nostro soggiorno a Lanzarote mi resi conto che non avevo nessuna voglia di tornare a Berlino. L'intensità di questa sensazione mi sorprese. Poteva dipendere dalla compagnia di Rafa a David, come anche dalle camminate in montagna, dal sole, dal paesaggio insolito, dal verde della primavera, dal fruscio delle onde dell'Atlantico: improvvisamente mi accorsi del peso che mi ero portato appresso, sempre e ovunque, nei mesi precedenti. Capii che ero bloccato e che ora stavo facendo i primi passi per uscire da quella situazione di costrizione, e mi accorsi anche che quei passi si stavano già rivelando efficaci. Temevo che a Berlino quel processo si sarebbe interrotto e che mi sarei fatto contagiare dall'atmosfera stanca e buia della città.

Qualche settimana prima avevo riletto il *Dove lei non è* di Roland Barthes, nato in seguito alla morte della madre dell'autore. Quel libro riesce a trasmettere la sensazione che, talvolta, il semplice atto di essere vivi può essere percepito come un problema. Un problema inevitabile per il quale non esistono soluzioni. Era quello che provavo io. Riconoscevo i segnali di una depressione che stava iniziando e sapevo di non essere in grado di affrontare una fase del genere. Anni prima uno psichiatra mi aveva consigliato di trascorrere l'inverno in un posto al sole. All'epoca l'idea mi era sembrata assurda e irrealizzabile, perché mi sarebbe costato troppo e anche perché la mia agenda era piena di incontri da moderare e di letture pubbliche proprio in quel periodo dell'anno. Adesso però nulla si svolgeva in presenza; gli eventi erano o sospesi o avevano luogo da remoto. Ne parlai quindi con David e Rafa, raccolsi tutti i soldi che ancora avevo sul conto e chiesi al vicino di casa Tim se poteva continuare a svuotare la cassetta della posta e occuparsi delle piante meno resistenti del mio terrazzo, che prima di partire avevo messo in cucina in vista dei freddi mesi invernali. Poi prenotai un appartamento in un piccolo paese sulla costa di Fuerteventura, l'isola vicina a quella in cui ci trovavamo.

Era paradossale scegliere intenzionalmente di stare da solo proprio nel momento in cui combattevo contro il senso di solitudine e di smarrimento. Eppure mi è bastato trovarmi sul ponte del traghetto, respirare l'aria di mare e vedere scomparire pian piano il paesaggio insulare di Lanzarote all'orizzonte, per rendermi conto che forse la scelta non era stata così assurda come poteva sembrare. Quando infine mi sistemai nell'appartamento che avevo prenotato, disfacendo la valigia e mettendo le scarpe da trekking accanto alla porta e il computer sul tavolo in cucina, ero certo che quella decisione era stata giusta. Sentivo di avere trovato dello spazio, spazio per pensare, per leggere e scrivere, per respirare. Per certi versi era stato proprio l'anno che ci lasciavamo alle spalle ad avermi messo nelle condizioni di stare da solo, di ritirarmi lì e di sfruttare il tempo per una sorta di convalescenza mentale, attutendo quel rumore nella testa cui pensavo di essermi abituato. Sembrava essere un atto di emancipazione, di cura di sé. Rimasi sull'isola due mesi.

Il concetto di *self-care*, la versione contemporanea della cura di sé, oggi va molto di moda. Si può dire che si sia affermato come una delle strategie di autoaiuto più diffuse, sostituendo quelle idee di automiglioramento che per molto tempo hanno dominato i discorsi psicologici. Ben lungi dall'essere qualcosa di radicale, il *self-care* designa un insieme piuttosto confuso e per questo anche problematico e difficilmente afferrabile di pratiche, che includono tanto i soggiorni nelle spa e periodi di scomparsa dai social media, quanto interventi terapeutici e ritiri ayurvedici e meditativi. Se ne parla così tanto che viene da chiedersi se dietro questa celebrazione del *self-care* non ci sia in realtà la nostra incapacità di fare quello che il concetto vorrebbe indicarci: prenderci davvero cura di noi stessi.

D'istinto tendo a rifiutare le idee di *self-care*, non da ultimo perché sono allergico alla loro commercializzazione. Non riesco a sottrarmi al sospetto che rappresentino il trionfo definitivo del tardo capitalismo neoliberale. Mi pare che siamo disposti a lasciare irrisolti molti dei problemi strutturali che ci riguardano, accettando di pagare le conseguenze che questo ha sulla nostra psiche. Eppure, la cura di sé è uno degli aspetti centrali della mia vita; praticandola nel corso degli anni, ho imparato ad accettare cose che non volevo accettare e a trovare soluzioni per situazioni che sembravano irrisolvibili.

Potrà stupire, ma il nucleo dell'odierna idea della cura di sé risale alla poetessa, saggista e attivista americana Audre Lorde. Lorde, che avevo ripreso a leggere in quelle settimane a Lanzarote, aveva elaborato quasi marginalmente il suo concetto di *self-care* nell'epilogo del suo importante diario-saggio *A Burst of Light: Living with Cancer*. «Prendersi cura di sé», scrive Lorde, «è ben altra cosa dell'essere arrendevoli nei confronti di sé stessi. È una questione di autoconservazione. È un atto politico di strategia bellica.»[2]

Lorde scrisse questa frase molto citata tre anni dopo aver avuto la seconda diagnosi di cancro e cinque anni prima di morire. Era riuscita a sopravvivere a un tumore al seno, salvo poi dover fare i conti con una metastasi che si era formata nel fegato. Leggendo il suo saggio si ha la sensazione di accompagnarla – senza parole e senza respiro – attraverso quella fase della vita. Si diventa testimoni della sua disperazione e, al tempo stesso, della sua celebrazione della vita, del dolore, dell'amore e della voglia di vivere. Lorde attinge a tutti i mezzi a disposizione, dalla medicina tradizionale a quella olistica e omeopatica, per combattere la malattia senza lasciare nulla di intentato e, leggendo quelle pagine, si ha la sensazione di vederla mentre cerca di calibrare le forze, mentre insegna, scrive, medita, legge, percependo allo stesso tempo l'amore che trasmetteva alla sua compagna Frances e ai loro due bambini. Si rimane impressionati dalla lucidità e dalla forza con cui si oppone al razzismo, che in quanto donna nera la colpisce quotidianamente ovunque, come anche alla virulenta misoginia e omofobia degli anni Ottanta, e alle innumerevoli resistenze, esclusioni e discriminazioni che l'esistenza le riserva.

Nella sua vita di scrittrice e attivista, una vita bella che la società non le aveva riservato e che si era conquistata con fatica, la cura di sé appare come una vera forma di autoconservazione. Autoconservazione in un mondo ostile nei confronti suoi, della sua famiglia e della sua comunità. Prendendosi cura di sé, Lorde apriva in quel mondo uno spazio che fino ad allora non era esistito, uno spazio in cui una vita come la sua poteva essere vissuta, e che ridimensionava il potere di quelle dilaganti fantasie di superiorità che alimentavano la mascolinità, l'eterosessualità e la bianchezza. In questo modo, nel suo piccolo, non solo contribuiva a cambiare il mondo rendendolo un luogo migliore, ma dava a sé stessa la possibilità di vivere, e non di sopravvivere. In questa prospettiva, la cura di sé appare un concetto straordinariamente radicale.

Sullo sfondo della pandemia il saggio di Lorde assumeva ulteriori significati. Avvertivo un legame nuovo con lei, e dinanzi a tutta quella malattia e alla morte che ci circondava avevo la sensazione di capire meglio i suoi toni radicali. Mi alzavo presto la mattina e dopo una colazione a base di papaya o ananas, mi mettevo a scrivere. Mantenni anche l'abitudine delle camminate quotidiane, che facevo sul versante ripido dell'isola dal quale si vedeva un mare spesso in tempesta, attraversato talvolta da onde violente. Tornai a mangiare meglio, scegliendo cibi sani, cosa che avevo trascurato l'anno precedente.

Appena arrivato sull'isola comprai un tappetino da yoga. Come accade a molte persone, lo yoga mi era stato spesso d'aiuto in passato. Nei momenti di crisi avevo sempre ripreso l'abitudine di praticarlo con regolarità, per abbandonarlo non appena tornavo a stare meglio. Quando srotolai il nuovo tappetino nella casa di Lanzarote, non lo praticavo da più di un anno e mezzo. Il mio corpo si ricordava ancora i piegamenti all'indietro e gli stiramenti, come anche le posizioni asana, ma non era più in grado di eseguire tutto. Ripresi comunque a srotolare il tappetino ogni pomeriggio.

Qualsiasi lavoro mentale inizia dal corpo. Lo sapevo e ne avevo già fatto esperienza diverse volte, solo che poi tornavo a dimenticarlo. Quando parliamo del corpo, parliamo quasi sempre delle sue superfici: di come sono fatte e di come si possono trasformare e preservare dai segni dell'invecchiamento. Come sostiene la psicoterapeuta britannica Susie Orbach, oggi concepiamo il corpo come qualcosa da costruire, rimodellare e migliorare. Secondo Orbach, il clima culturale in cui viviamo ci trasmette l'idea che perfezionare il corpo sia un dovere personale, una sorta di competenza individuale.[3] Negli scorsi anni è stato fatto molto per combattere questo clima e la prepotente cultura visiva che ne deriva. Tuttavia, anche la critica nei confronti degli ideali corporei che inseguiamo si concentra di fatto solo sulla superficie del corpo, nel tentativo di liberarci dalla pressione di renderla più bella. Ciò di cui continuiamo a dimenticarci è invece l'esperienza interiore – cosa significa vivere nei nostri corpi, abitarli, quali reazioni emotive provocano questi corpi in noi. Eppure, è un'esperienza fondamentale, è ciò che conta veramente, come sottolinea Olivia Laing in *Everybody*, riferendosi alla teoria psicanalitica di Wilhelm Reich.[4]

Nella pratica pomeridiana dello yoga, mi trovavo spesso a pensare all'idea del corpo traumatizzato. Come spiega lo studioso del trauma Bessel van der Kolk nell'illuminante saggio *Il corpo accusa il colpo*, le esperienze traumatiche non lasciano tracce solo nella nostra storia, nella nostra cultura, nella storia delle nostre famiglie e ovviamente nella nostra mente, ma anche nell'equilibrio biochimico del cervello e dunque nel corpo stesso. I traumi incidono sulla nostra capacità di provare sensazioni, di elaborarle e di affrontare le emozioni, modificando connessioni neurali, processi ormonali, ritmi cardiaci come anche il funzionamento del sistema immunitario. I traumi possono privare il corpo della sua capacità di percepire sé stesso e di accorgersi di essere in vita. Per van der Kolk lo yoga rappresenta una delle vie per ritrovare il contatto con il corpo vissuto, con il nostro organismo, perché ci riporta a fare proprio quello che evitiamo nelle situazioni difficili, quello che il nostro sguardo, così concentrato sulle superfici corporee, ci impedisce di fare: guardarsi dentro.[5]

Praticando yoga sull'isola, ho fatto un'esperienza analoga. Ogni pomeriggio seguivo per un'ora i corsi online, abbandonandomi al flusso degli asana e del respiro. All'inizio era stata una sfida notevole, sia perché ero fuori allenamento, sia perché temevo lo sguardo rivolto all'interno e faticavo a capire le sensazioni che i vari esercizi mi trasmettevano. Ma non mollai. La pratica mi dava la sensazione di poter scoprire nuovamente il mio corpo, quel corpo che da tempo non provava nulla, che per tanto tempo non era stato abbracciato né sfiorato e di cui da tanto tempo ignoravo i bisogni.

Ogni ora di yoga portava un miglioramento, benché impercettibile, nel rapporto con me stesso. Gli esercizi mi costringevano ad accettare i miei limiti e sembrava volessero dirmi che in fondo anche le condizioni sgradevoli e faticose passano e che nonostante le difficoltà si può fare qualcosa per il proprio equilibrio interiore. Di giorno in giorno il corpo sul tappetino si apriva sempre di più, prendendosi spazio e liberandosi da tutte le tensioni, dalle incertezze e dai traumi dell'anno precedente. Lo yoga non promette guarigioni né miracolose liberazioni della mente, ma praticandolo con regolarità, a un certo punto si può imparare a guardare le proprie ombre interiori, guardare lì dove fa male. Dopo pochi giorni mi sentii pervadere da una sensazione di sollievo e gratitudine. Gratitudine per il corpo in cui vivevo, per la vita che conducevo, per tutto quello che su quell'isola era possibile, nonostante la drammatica situazione in cui versava il mondo.

La letteratura sulla solitudine e i grandi romanzi moderni del genere della robinsonata – da *Walden o Vita nei boschi* di Thoreau alla *Nausea,* il romanzo paradigmatico sulla solitudine di Jean-Paul Sartre, passando appunto per *Robinson Crusoe* di Daniel Defoe – dimostrano come sia di fatto rara la condizione di assoluta solitudine. Durante il suo esilio, Thoreau si intratteneva sempre con qualche viandante e una volta alla settimana ritornava a casa, dove lo aspettava la cucina di sua madre. Robinson invece trovò un compagno su cui proiettare le proprie fantasie coloniali addirittura su una remota isola caraibica. E Antoine Roquentin, con cui Sartre creò il prototipo del giovane esistenzialista deluso dall'amore e nauseato dal mondo, trascorreva una notte alla settimana in compagnia dell'oste François. Per gli eremiti della letteratura moderna la solitudine assoluta, la solitudine in un senso più ampio del termine, non è possibile. E a ben vedere questo vale tutti per noi, a prescindere da quanto sia forte il nostro bisogno di isolarci.

C'è un che di consolatorio in questo. Durante le settimane sull'isola imparai un po' di spagnolo, per poter scambiare qualche parola con il personale dei supermercati HiperDino e la proprietaria della casa in cui stavo. Il flusso continuo delle email non si interruppe nemmeno in quella cittadina sulla costa dell'isola. Continuavo a partecipare via Zoom agli incontri del mio gruppo di autoaiuto e a quelli del corso di francese che si riuniva una volta al mese per leggere romanzi in lingua originale. Naturalmente avevo anche mantenuto un contatto regolare con tutte le amiche e gli amici. Ero grato ai mezzi di comunicazione di cui disponevamo perché lenivano la mia solitudine, aiutandomi ad affrontare la vita sull'isola.

Anche questi mezzi nascondono però delle insidie, come ribadisce la sociologa Sherry Turkle nei libri *Insieme ma soli* e *La conversazione necessaria*. Il rischio principale, spiega Turkle, è quello di farci perdere la capacità di vivere il quotidiano in maniera rilassata, abituandoci invece a una continua distrazione e alla simulazione sociale. Se da una parte ci possono aiutare ad avere relazioni, dall'altra permettono anche di tenere a distanza quelli con cui entriamo in contatto, con la conseguenza che chiediamo loro sempre meno, accontentandoci di una vicinanza, un'attenzione e un senso di empatia meno autentici. Secondo Turkle, gli attuali mezzi di comunicazione ci trasmettono un senso di vicinanza senza tuttavia metterci in contatto con quelle che sono le esigenze dell'amicizia e dell'intimità.[6]

Credo che Turkle abbia ragione e torto allo stesso tempo. Le sue analisi hanno contribuito a dare forma e sostanza ai dibattiti sulla vita digitale, descrivendo aspetti del nostro modo di gestire le tecnologie che tutti conosciamo. Eppure, queste analisi invecchiano presto perché anche le tecnologie su cui si concentrano lo fanno. Gli argomenti sviluppati nell'ambito di questi studi finiscono quindi per assomigliare a quegli argomenti che in passato sono stati usati per descrivere i pericoli legati alla divulgazione della lettura di romanzi, all'introduzione del telefono e della radio, come anche alla scoperta della TV. Ogni nuova tecnologia comunicativa ha suscitato il timore di distruggere ciò che ci rende umani. Queste riflessioni hanno un fondamento nell'epoca in cui nascono, ma a distanza di tempo diventa chiaro che più che descrivere il nostro rapporto con le tecnologie, fotografano il momento in cui le stiamo integrando nella nostra quotidianità e in cui ci stiamo costruendo una competenza di base per poterle gestire.

In epoca di pandemia, l'idea che le relazioni mediate digitalmente potessero un giorno sostituire le concrete relazioni interpersonali mi pareva assurda. Quasi tutte le persone con cui mi sentivo al telefono o via Zoom accusavano soprattutto la mancanza del contatto con gli altri. Quasi tutte, anche quelle che vivevano in coppia o erano comunque inserite in un contesto familiare, lamentavano l'isolamento, una certa solitudine, la nostalgia dei tempi in cui sarebbe tornato normale incontrarsi con le amiche e gli amici.

In quei due mesi avevo raggiunto una sorta di accettazione. Mi sembrava di riuscire ad affrontare la mia solitudine e le fatiche che ne derivavano. Grazie a quel lungo periodo di isolamento che io stesso avevo scelto avevo capito che non c'era alternativa. Non solo nella situazione eccezionale della pandemia, ma in generale.

La maggioranza di noi non ha forse altra scelta. A un certo punto dobbiamo imparare ad accettare la solitudine, anche se lo rifiutiamo. Filosofi come Otto Marquard sembrano esserne certi. Secondo lui, il punto centrale della solitudine non sta nel dolore che causa, ma nella nostra capacità di affrontarlo, nella nostra «capacità di stare nella solitudine».[7] Solo nella «forza dello stare soli», nella «capacità di sostenere l'isolamento» e nell'«arte di vivere la solitudine come qualcosa di positivo» si crea dunque la possibilità di incontrare davvero sé stessi e gli altri esseri umani.

La verità è che anche le emozioni dolorose ci riservano doni. È difficile rendersene conto e volentieri ne faremmo a meno quando le viviamo, tanto che facciamo di tutto per evitarle. Eppure, spesso sono proprio queste emozioni a insegnarci cose che altrimenti non impareremmo. Come scrive lo psicologo Clark E. Moustakas, la solitudine ha sempre, nonostante i suoi lati orribili, anche qualcosa di assai positivo. Solo nel momento in cui capiamo di essere sostanzialmente soli nella vita, pur essendo circondati da persone amate, riusciamo a diventare consapevoli di noi stessi.[8] Finché non lo capiamo, non siamo in grado di assumerci la responsabilità della nostra vita, di avere un buon rapporto con noi stessi e nemmeno di prenderci cura di noi. Schivando la nostra solitudine esistenziale, rimuovendola o negandola, ci precludiamo, scrive ancora Moustakas, una strada importante verso la crescita interiore.[9] In altre parole, l'esperienza della solitudine comporta una forma di percezione di sé che altrimenti non sarebbe possibile raggiungere. Proprio il dolore, che di questa esperienza è parte integrante, ci permette di scoprire una nuova forma di empatia nei confronti di noi stessi e delle altre persone, di scorgere nuovi percorsi di vita e dare spazio dentro di noi a conflitti che tendiamo a reprimere. Senza quel dolore non saremmo in grado di cercare la vicinanza di altri esseri umani, non saremmo in grado di amare.

Esperienze positive di solitudine sono parte integrante della condizione umana, proprio come lo è anche il risvolto disperato di questo sentimento. Già i mistici cristiani riconoscevano il lato positivo della solitudine che trasmetteva loro una particolare vicinanza a Dio. Anche Michel de Montaigne sapeva apprezzare la solitudine, che per lui rappresentava il fondamento di una forma di monologo intimo. «Noi abbiamo un'anima capace di ripiegarsi in sé stessa», scrive Montaigne nel suo saggio *Sulla solitudine*, «essa può farsi compagnia; ha i mezzi per assalire e per difendere, per ricevere e per donare.»[10]

Molti filosofi seguaci del suo pensiero considerano questa forma di monologo solitario come un atto di conoscenza di sé. Secondo Hannah Arendt senza solitudine non ci sarebbe vita contemplativa, non ci sarebbe il pensiero stesso. Come scrive nel libro *La vita della mente*, solo ritirandosi attivamente dalla vita operosa e dal mondo si crea uno spazio che rende possibile una specie di ricerca di senso e in cui si sviluppa il pensiero proprio, il dialogo con qualcosa di invisibile.[11] Per Emmanuel Lévinas, invece, nella solitudine dell'esistere si manifesta la possibilità di oltrepassare i confini dell'Io. Attraverso l'esperienza della nostra solitudine esistenziale, scrive il filosofo, ci troviamo veramente faccia a faccia con il volto dell'Altro, capendo che non possiamo appropriarci della sua umanità e della sua alterità, e forse nemmeno comprenderle del tutto. Per Lévinas le esperienze di solitudine sono essenziali per superare i limiti del proprio ego e costruire rapporti autentici.[12]

Nei due mesi trascorsi sull'isola cominciai a capire che tutto ciò era più che una mera teoria filosofica. Nel tempo passato lì mi ero dedicato alla cura di me come mai avevo fatto prima. Con mia sorpresa questo mi diede una certa tranquillità. Mi piacevano le piccole routine quotidiane, la lettura, la scrittura, lo yoga, le passeggiate e le lezioni di spagnolo serali, la natura spoglia dell'isola, il sole cocente, l'Atlantico tempestoso. Avevo l'impressione di imparare qualcosa, di scoprire una parte nuova di me stesso.

In un certo senso avevo bisogno di questa fase di solitudine per squarciare il mio egoismo, che fino ad allora non avevo potuto o voluto vedere. La sensazione di abbandono era stata talmente totalizzante che ogni volta in cui pensavo alle mie amiche e agli amici avvertivo un lieve rimprovero, una delusione, una rabbia latente per essere stato abbandonato in tempi come quelli. Poco importa che fossi in grado di comprendere la loro posizione; in quel momento non riuscivo ad accettare di non potermi affidare a loro così come avevo sempre sperato di poter fare, non volevo proprio rinunciare alla convinzione di non essere solo pur non avendo una relazione d'amore.

Improvvisamente mi accorsi però di quanto nei mesi precedenti fossi rimasto concentrato su me stesso, sulle paure, sui problemi, tanto da non chiedermi con quali paure e problemi combattessero le persone che mi erano vicine, tanto da non pensare che anche loro stavano attraversando le stesse difficoltà e che tutti noi eravamo alle prese con una situazione che tutto era tranne che semplice, costringendoci ad accendere i fari su noi stessi. Per forza di cose, dedicavamo meno attenzione alle persone che amavamo. Non perché lo volessimo, non con intenzioni malvagie o perché eravamo persone cattive, ma perché il mondo in cui vivevamo era cambiato così tanto da renderlo necessario.

Solo allora capii che non avevo rispettato quella che è forse l'unica regola fondamentale dell'amicizia. Le amicizie si basano sulla libertà, non su costrizioni sociali o su doveri istituzionalizzati. Le amiche e gli amici non devono corrispondere ai nostri desideri, alle aspettative o alle richieste, da loro non dobbiamo pretendere nulla. Questa libertà è l'essenza delle relazioni di amicizia. Mi accorsi di non aver rispettato ciò che per Jacques Derrida rappresenta la più amichevole delle dichiarazioni d'amore: «Io rinuncio a te, l'ho deciso».

Alla fine del soggiorno sull'isola mi sentivo molto meglio. Lo avvertivo anche nel corpo, che mi permetteva di attraversare il mondo con più leggerezza. Guardandomi allo specchio la mattina della partenza, mi accorsi che il mio viso abbronzato sembrava più affilato e che i lineamenti erano diventati più pronunciati. Attorno agli occhi erano comparse alcune rughe che prima non c'erano. Rimasi a guardarle con attenzione per qualche minuto, osservandone la forma, percorrendo con le dita le loro linee nel tentativo di accarezzarle. Pian piano mi accorsi che quello che era stato un lieve sgomento iniziale lasciava spazio a una sensazione di pace. Le rughe non mi disturbavano. Erano le tracce di tutto quello che avevo vissuto nel corso dell'anno precedente, di tutti gli avvenimenti che si erano accavallati, di tutti gli alti e bassi che ne erano conseguiti. Tracce di una realtà che avevo vissuto e che era diventata parte incancellabile della mia vita. Le rughe mi donavano. Le trovavo belle.

COMMIATI

Al mio rientro a Berlino mi trovai in una di quelle primavere berlinesi che non riescono a lasciarsi alle spalle il freddo e il buio invernali. I parchi, le strade e le piazze della città sembravano ancora in dormiveglia, mentre sotto la superficie la vita fremeva. Gli incontri quotidiani potevano causare squilibri emotivi che non ero in grado di affrontare. Sembrava che il senso delle relazioni umane fosse andato perso a livello collettivo. C'erano ovunque persone che pretendevano di sapere meglio di altre come sconfiggere la pandemia. Persone che si sentivano penalizzate dalle misure politiche messe in atto, sicure che a pagarne le conseguenze sarebbero state proprio loro, per questioni di età, professione, stato civile. Se solo un anno prima in una situazione del genere si sarebbe fatto appello alla solidarietà, ora questa idea sembrava pressoché scomparsa dai dibattiti pubblici.

Per la prima volta nella storia dell'umanità erano stati sviluppati vaccini contro un virus pericoloso nell'arco di un solo anno. Eppure, invece della gratitudine per questo progresso della medicina che fino a poco tempo prima sarebbe stato impensabile, si fece largo un senso di frustrazione dovuto al fatto che alcuni Paesi erano riusciti a somministrare i vaccini prima di altri. Convinti come si era di appartenere alle persone più privilegiate dell'universo, non ci si capacitava di essere stati declassati al secondo posto. Nonostante tutto questo, sotto il grigio manto di nuvole si scorgevano anche bagliori di speranza.

Appena tornai, mi dedicai alle piante sul terrazzo. Tolsi la copertura invernale e diedi loro acqua e concime, poi potai gli alberelli di alloro e yuzu, rimettendoli all'esterno assieme ai gerani a foglia variegata. Per fortuna il grande bambù nero era sopravvissuto al freddo invernale e, anche se alcuni dei suoi germogli erano gelati, si intravedevano dappertutto boccioli che si sarebbero aperti di lì a qualche settimana. Già si potevano raccogliere un paio di foglie di prezzemolo e cerfoglio, mentre il dragoncello, l'angelica e la menta svizzera germogliavano, assieme a qualche coraggioso seme di shiso che era attecchito da solo. L'amolo era pieno zeppo di boccioli che si sarebbero aperti a giorni, avvolgendo l'albero in uno sfarzoso velo di un rosa delicato e imperturbabile per sfidare il cielo berlinese.

Chiamai Sylvia per sapere come stava andando con il giardino di Wandlitz, alla cui cura avevo partecipato per oltre un anno. Al di fuori del microclima della metropoli la vegetazione sembrava ancora silente, ma anche qui si avvertiva il cambiamento del tempo e del clima che sarebbe arrivato di lì a poco. Le rose di Natale e quelle quaresimali già si mostravano in tutta la loro bellezza, dappertutto spuntavano i bucaneve, mentre i crochi di colore giallo indiano, blu cobalto e viola scuro, che avevamo piantato assieme, germogliavano nel terreno.

Nel corso dell'anno precedente ero riuscito a vedere il giardino solo in poche occasioni, e ogni volta era una gioia. Quasi sempre qualcosa era in fiore: dal caprifoglio rampicante, che faceva scorgere i suoi fiori color avorio già in gennaio, fino alle anemoni autunnali, ai crisantemi e alle cosmee di fine anno, che donavano al paesaggio brandeburghese, dominato dal grigio e dal marrone, pennellate luminose di colore rosa, lillà e rosso acceso, che perduravano fino a novembre inoltrato. Gli iris, i tulipani e i nontiscordardime avevano conferito alla natura un che di impressionistico. Le peonie, le piante della digitale e le margherite avevano fatto sfoggio della loro bellezza, seguite da rigogliose astilbe, da floghi, girasoli, perovskie, fior di orchidee, graminacee alte e grandi piante di finocchio selvatico. Il giardino era vivo, cresceva e respirava. Era incompleto e bello.

Alcuni anni fa, un conoscente ha tentato più volte di spiegarmi che dovevo imparare a convivere con i problemi irrisolti. Lo aveva ripetuto così spesso e in così tante situazioni che sembrava una qualche forma di scongiuro che non riuscivo a comprendere. Io continuavo invece a pensare che quasi tutti i problemi potessero essere risolti cercando aiuto, facendo i passi corretti, mettendoci il giusto sforzo e impegno. Forse solo ora, sotto l'effetto della pandemia, ero in grado di capire le sue parole.

Audre Lorde giunse a questo tipo di riflessioni quando si trovò ad affrontare un tumore. «Le cose che si fa fatica ad accettare», scrive in *A Burst of Light*, «implicano la condizione di dover convivere con l'incertezza senza negarla o nascondervisi dietro.» Bisognerebbe imparare ad ascoltare i messaggi che provengono da questa incertezza e non farsene sopraffare, prosegue ancora Lorde. Il segreto consiste nel non pensare, nonostante tutto, a cose che ancora non sono accadute. Certo, occorre pensare a un qualche futuro e lavorare per renderlo possibile, ma la vita in fondo si può vivere appieno solo nel presente.[1]

Le parole di Lorde e quelle del mio conoscente continuavano a tornarmi in mente man mano che la primavera avanzava e la pianta di amolo sulla terrazza sfioriva, in attesa di essere sostituita dal lillà, dal gelsomino e dai fiori rossi e ombrelliformi del sambuco. La salvia ananas, la verbena odorosa, la calendula e la lavanda crescevano a vista d'occhio, mentre i gerani davano inizio al meraviglioso e raffinato girotondo di fioriture che, se tutto andava bene, si sarebbe protratto per tutta l'estate. Gli alberi della città emanavano un verde fitto e luminoso, dinanzi al quale il pensiero che solo qualche settimana prima tutto era ancora spoglio assomigliava a una battuta divertente. L'anno entrava nella sua fase bucolica in cui ogni giardino, ogni bordura, ogni parco sprofondava sotto uno sfarzoso tappeto di fiori che avvolgeva i passanti in nuvole di profumo. Nel frattempo era diventato molto più facile fare il test per la diagnosi del coronavirus, il che semplificava la vita quotidiana. Un poco alla volta sempre più persone ricevettero la prima e poi anche la seconda dose di vaccino. Anch'io mi vaccinai e iniziai ad affrontare la vita con più sicurezza.

Qualcosa stava iniziando, senza che fossimo in grado di prevedere come sarebbero stati i tempi nuovi. Così tante persone si erano ammalate, così tante portavano i segni della malattia, così tante erano morte. Soprattutto di queste ultime si parlava a malapena in pubblico, forse perché la loro morte era troppo vicina per essere affrontata. Nessuno era ancora in grado di stimare quanto sarebbe durata l'immunità acquisita con il vaccino o se sarebbe stata sufficiente per affrontare le future varianti virali. La maggior parte delle esperte e degli esperti sembrava dare per assodato che ci attendeva un'estate relativamente tranquilla, cui sarebbero però seguiti nuovi e ripetuti focolai di infezioni ed epidemie circoscritti a livello regionale. Si presupponeva che sarebbero stati necessari vaccini stagionali, come per l'influenza. Allo stesso tempo era chiaro che tutte queste previsioni potevano essere annullate da nuove varianti ancora più letali e capaci di diffondersi con più velocità.

Assieme a Frederik, un amico che conoscevo dai tempi di New York e che stava attraversando una separazione, facevo lunghe escursioni nei dintorni di Berlino. La mia amica Sylvia venne a trovarmi e insieme andammo dal nostro parrucchiere, che si trovava non lontano dalla via in cui avevamo convissuto tanti anni prima. Kristof e Gunnar, una coppia di amici, passarono a prendermi per fare una passeggiata sul Landwehrkanal e mangiare il pollo grigliato con il toum, una salsa all'aglio libanese. Marie mi diede una mano a montare e poi appendere un nuovo grande specchio in bagno. Me l'ero comprato perché la mattina volevo vedermi meglio, con le mie rughe nuove, le tempie grigie, il corpo che stava cambiando. Progettavo di andare a trovare i miei genitori, mia sorella e mio fratello, ripresi a visitare mostre e non vedevo l'ora che riaprissero le sale da concerto, i teatri e i cinema della città. Pianificavo il menu per la prima cena che volevo organizzare a casa dopo più di un anno. In alcuni momenti riuscivo addirittura a scambiare un sorriso con gli uomini che flirtavano con me in strada. Ripresi ad abbracciare le persone.

All'orizzonte si profilava la fine dell'esperienza liminale della malattia, la fine di quello stato di sospensione in cui ci trovavamo. Dappertutto si avvertiva il bisogno di dimenticare il tempo che ci stavamo lasciando alle spalle e di godersi le libertà, comportandosi come se non ci fosse mai stata una pandemia. Tuttavia, i tentativi di dare sfogo a questo bisogno erano un modo per rimuovere qualcosa di evidente, ovvero che stava iniziando una nuova era di incertezza e che il tanto acclamato ritorno alla normalità, che la maggior parte di noi si auspicava, era piuttosto improbabile. Avremmo dovuto abituarci a convivere con un problema che, nonostante numerose misure che si erano rivelate vincenti, rimaneva irrisolvibile e che forse sarebbe rimasto tale.

I sistemi sanitari della maggior parte dei Paesi benestanti hanno dovuto affrontare le sfide poste dal virus. Altrove la pandemia ha continuato a diffondersi inarrestabile, causando ondate di morti e nuove varianti virali. L'Europa, l'America e la Cina sono rimaste a guardare per lo più senza reagire, e la distruzione di habitat naturali, la principale condizione per il passaggio di varianti virali alla specie umana, è proseguita indisturbata. Prima o poi quindi un'altra epidemia potrebbe scoppiare, magari con un virus ancora più difficile da combattere.

Anche molti altri problemi che già ci assillavano prima della pandemia si sono acuiti. I fatti accaduti nell'anno e mezzo pandemico hanno dato ulteriore forza alla macchina di ridistribuzione neoliberale, cui va attribuita la responsabilità di molte attuali emergenze sociali, economiche ed ecologiche. Mentre la maggior parte dell'umanità si impoveriva, i più ricchi al mondo sono riusciti a trarre profitto dagli eventi, moltiplicando all'inverosimile i propri introiti. Molte aree a rischio geopolitico sono tornate a infiammarsi, mentre noi dall'altra parte continuiamo a evitare di guardare in faccia la realtà. Una realtà fatta di sempre più persone costrette a fuggire in altre parti del mondo, di foreste che si incendiano e fiumi che straripano, di foreste pluviali che scompaiono a vista d'occhio. Senza dimenticare il buco d'ozono sopra l'Antartide, che torna ad allargarsi, mentre il più grande iceberg finora misurato si distacca in Groenlandia e, a detta della maggior parte degli esperti sul clima, i temuti meccanismi di ribaltamento che rendono inarrestabile il riscaldamento globale sono già in atto, con tutte le conseguenze che ne derivano, dai fenomeni meteorologici estremi alla variazione delle correnti marine, che per noi sono vitali, e all'aumento del livello del mare.

In un certo senso l'esperienza della pandemia ci aveva preservato dalla consapevolezza che, a prescindere da eventi pandemici, viviamo in un'epoca all'insegna di quella che l'antropologo Arpád Szakolczai chiama giustamente "liminalità permanente".[2] Ora stava diventando sempre più evidente che molto di ciò che diamo per scontato nella nostra vita quotidiana andrà scomparendo e che la cosiddetta fine della normalità, di cui tanto si è parlato in pandemia, era in realtà iniziata ben prima. Stavamo attraversando un periodo di passaggio, di cui non si poteva prevedere la fine e che superava qualsiasi capacità di immaginazione.

La sensazione di liminalità permanente è un problema tanto sociale quanto individuale. Sconvolge la nostra ecologia interiore, mette sottosopra le risorse emotive e ci trasmette un tale senso di irrealtà da farci apparire paradossale la vita stessa.[3] Per quanto la mia quotidianità fosse diventata più libera e ariosa, questa sensazione di paradosso era sempre presente. Provavo quello che Roland Barthes, in risposta allo psicoanalista Donald Winnicott, aveva definito «paura *di ciò che ha avuto luogo*», «paura di un crollo *che ha già avuto luogo*».[4] Avevo la sensazione che la mia capacità di comprendere non teneva il passo con quanto stava accadendo e che ciò che temevo fosse già da tempo diventato realtà. Allo stesso tempo non sapevo né volevo accettare che la pandemia fosse stata soprattutto una previsione di quello che ci riserva il futuro e che questa previsione, che già ci era costata molto, fosse più che un mero avvertimento. La pandemia ci ha fatto capire come sarà questa fine del mondo la cui narrazione ci è familiare da tempo. In un certo senso è stata il crollo, l'apocalissi che *già aveva avuto luogo*.

Rivedendo i miei appunti, un giorno mi ritrovai tra le mani un foglio con una lista compilata anni prima durante una terapia che avevo fatto all'epoca. Il terapeuta mi aveva invitato a immaginare, sotto forma di appunti, il mio futuro. La lista rivelava che avrei voluto vivere in un antico casale nelle vicinanze di Berlino, non da solo ma con un'altra persona che avrei amato, qualcuno con cui avrei condiviso interessi, conversazioni continue, piaceri. Doveva essere una casa aperta in cui ci sarebbe sempre stato spazio per gli ospiti e tempo per grandi mangiate. Nell'orto adiacente avrei coltivato frutta e verdura che difficilmente si trova nei negozi o che comunque, appena raccolta, ha un sapore migliore: more, amarene, albicocche e varie qualità di pere, e poi cime di rapa, radicchio di Castelfranco e fagioli borlotti. Con la scrittura avrei guadagnato abbastanza per poter vivere una vita tranquilla, anche negli anni della vecchiaia. Avrei anche smesso di dubitare del senso di tutto e del mio posto nel mondo.

Rimasi a fissare quel foglio come ipnotizzato, leggendo più e più volte la lista. Improvvisamente capii che avevo tra le mani un elenco univoco delle mie perdite ambigue. Quell'elenco riportava variazioni di desideri e speranze che mi accompagnavano ormai da anni e che forse condividevo con molte altre persone. Nelle mani avevo quello che Deborah

Levy, autrice di *Real Estate*, definisce laconicamente *unreal estate*, una proprietà immobiliare irreale, frutto della fantasia. In uno dei passi più commoventi di questo romanzo saggio, Levy descrive a un'amica la sua proprietà immobiliare fantasticata, una casa sul fiume, con tanto di barca e attracco, e alberi di melograno e mimose, da qualche parte nel Mediterraneo. Quella casa, aggiunge, se la porta dietro da tutta la vita. E quando la sua amica le chiede se il peso di quella fantasia non sia eccessivo e se non sia il caso di lasciarla andare, Levy risponde che crollerebbe se non avesse quella casa, se non avesse quel futuro da sognare.[5] Capivo assai bene che cosa voleva dire.

Il sogno di una vita a due in un grande casolare di campagna circondato da un ampio giardino mi aveva sorretto per molto tempo. Una parte di me però sapeva già all'epoca che il dolore per le perdite ambigue che quella fantasia implicava era già iniziato. Poche settimane dopo interruppi la terapia. Uno dei motivi fu proprio uno scambio di opinioni legato a quella lista. Il terapeuta voleva suggerirmi l'idea che avrei potuto realizzare quel modello di vita se solo la mia forza di volontà e l'impegno fossero stati sufficienti. Il suo obiettivo era in un certo senso quello di riattivare in me proprio quello che Lauren Berlant chiama l'"ottimismo crudele". Sapevo che trasmettere un senso di autoefficacia e di capacità di controllo della propria vita era un passo fondamentale nella cura delle depressioni e sapevo dunque che il mio terapeuta stava facendo il suo lavoro. Tuttavia, mi sembrava una strategia illusoria, perché sentivo di essere arrivato a un punto in cui bisognava relativizzare quelle fantasie la cui realizzazione mi appariva sempre più improbabile. Forse era arrivato il momento di lasciarle andare una volta per tutte.

Il terapeuta sembrava non capirmi. Per lui la sua visione del mondo era quella giusta, ne aveva sempre ricevuto conferma e dunque credeva davvero che potessimo controllare la nostra vita e realizzare i nostri sogni, almeno in buona parte. Conoscevo persone come lui, che la pensavano allo stesso modo. Erano convinti che tutti i desideri si possono in fondo realizzare, senza però rendersi conto che potevano nutrirsi di quelle certezze soltanto perché erano privilegiati. Non si rendevano conto che le loro convinzioni erano concesse solo a chi proveniva da una certa regione del Paese e da un certo strato sociale, a chi aveva un certo orientamento sessuale e un colore di pelle, a chi soddisfaceva determinate premesse biografiche e mentali. Io non appartenevo a quelle persone e nemmeno volevo essere uno di loro.

Riguardando più e più volte la lista redatta anni prima, non potevo fare a meno di chiedermi chi sarei potuto essere senza quell'elenco. Come avrebbe potuto essere la mia vita senza la realizzazione di quei desideri? Pauline Boss, che per molti anni ha indagato il modo in cui affrontiamo le perdite ambigue, ha più volte constatato come gli esseri umani siano dotati di un'incredibile resistenza. Uno dei messaggi principali del suo lavoro è che si può convivere con l'ambiguità che caratterizza le nostre vite. Certe volte, scrive Boss, i problemi non riusciamo a risolverli, perché le soluzioni non esistono. Ci sono casi in cui l'ambiguità non si può elaborare, eliminare, affrontare per mezzo della terapia. Casi in cui domande urgenti rimangono senza risposta, perché una risposta non c'è. Il nostro compito è allora quello di accettare l'ambiguità, cercando allo stesso tempo nuove possibilità per noi, a partire da questa condizione di accettazione. Anche se le perdite ambigue possono essere traumatiche, siamo in grado di dare altre forme soddisfacenti alla nostra vita.

Secondo Boss, ciò non significa affatto rimanere inerti o assumere atteggiamenti di stoicismo o adattamento, quanto piuttosto ritagliarsi una certa libertà interiore.[6] Affrontiamo la vita con l'idea che si debba in qualche modo riuscire a superare tutto, ma spesso questo non funziona: spesso dobbiamo liberarci proprio da questa convinzione per poter trovare la nostra strada.

Il mio giardino preferito, quello che mi tocca più intimamente, non è stato ideato da Piet Oudolf, che pure ammiro così tanto. E nemmeno è uno di quelli che emana la bellezza classica dei giardini di Jean-Baptiste de la Quintinie, di Karl Foerster o di Vita Sackville-West. Il mio giardino preferito si trova a Dungeness, nel Kent inglese, a due ore di distanza da Londra, in direzione sud-est, nell'ombra di una centrale nucleare che svetta nel paesaggio pianeggiante della costa. Dista solo qualche centinaio di metri dalla spiaggia rocciosa del Canale della Manica e appartiene a una piccola casa chiamata Prospect Cottage, fatta in legno dipinto di nero su cui spiccano le cornici giallo neon delle finestre. Il giardino è stato creato dal pittore e regista Derek Jarman. L'ho visitato nell'anno prima della pandemia, assieme a Andrew, un amico inglese.

Jarman aveva scoperto il Prospect Cottage nel 1986, facendo ricerche per un suo film. All'epoca aveva già contratto il virus HIV, che otto anni più tardi lo avrebbe ucciso.[7] Le condizioni per il giardinaggio erano più che sfavorevoli a Dungeness. Il paesaggio era spoglio, il terreno roccioso troppo arido e troppo povero di sostanze nutritive per la maggior parte delle piante da giardino, le cui foglie inaridivano se esposte ai forti raggi del sole e per il sale dei venti dell'est. Con l'aiuto di un amico, Jarman riuscì a portarvi del concime e a bonificare il terreno. Realizzò aiuole rialzate, costruì alveari dietro alla casa, sperimentò diverse specie di piante, scoprendo come proteggerle dal clima avverso. Ciò che era iniziato con una cadente rosa canina e con l'indistruttibile germoglio casuale di una pianta del cavolo marino dalle foglie rosse si era trasformato, nel corso degli anni, in un giardino incredibilmente bello in cui fiorivano ginestre spinose, calendule, rose tea, malvarose e rose quaresimali, papaveri selvatici, lavanda, piante di issopo, acanto, finocchio e cumino, e anche un piccolo albero di fico. Tra le piante c'erano sculture che Jarman aveva costruito usando pezzi di legno consumati, rottami metallici e pietre che trovava nel corso delle sue passeggiate lungo la spiaggia.

La scelta di dedicarsi a questo progetto aveva molto a che fare con la sua malattia e con la morte che sapeva essere imminente. Prospect Cottage non era però solo il simbolo delle difficili condizioni di vita in cui si ritrovava a vivere come uomo omosessuale, quel luogo aveva anche tanti altri significati. In *Modern Nature*, il diario che ha redatto negli ultimi anni di vita, Jarman descrive come si era letteralmente legato a quell'inospitale paesaggio costiero e come il suo giardino gli offrisse un'ancora di salvezza dal «demoniaco Disney World» in cui viveva. La crisi dell'AIDS, la moria dei boschi, l'effetto serra, la catastrofe di Chernobyl, la minaccia nucleare all'apice della Guerra fredda... tutto questo gli aveva trasmesso la sensazione di un'imminente apocalissi. Con un po' di semenza, qualche talea e qualche pezzo di legno consumato aveva allora iniziato a trasformare questa sensazione di fine del mondo in arte, cercando anche di lenire la paura che ne derivava.[8]

Non conosco esempi migliori di come convivere con problemi che non si possono risolvere, con domande che non trovano risposte. Jarman era riuscito a dare un senso a un mondo che quel senso aveva perduto e a ritrovare la fiducia in un momento che ne trasmetteva ben poca. Per dirla con Audre Lorde, aveva prestato ascolto all'incertezza che determinava la sua vita, senza farsene sopraffare o intimorire. Era riuscito a vivere appieno il presente. All'ombra di una centrale nucleare e della morte che incombeva era stato in grado di opporre qualcosa all'incertezza del futuro e a lasciarsi alle spalle molte delle perdite ambigue della sua vita. Dinanzi a questo esempio mi chiedevo se anch'io, in un contesto diverso e in altre condizioni, non dovessi tentare qualcosa di simile.

Tenevo ancora in mano la lista che mi ricordava le fantasie di un futuro in due in una pittoresca casa dei sogni. L'avevo abbozzata su una paginetta strappata da un semplice bloc-notes che mi era comprato negli Stati Uniti, perché mi piacevano molto i suoi colori. Il giallo Napoli della carta su cui c'erano righe in blu chiaro e una sottile linea rossa che segnava verticalmente il margine. Ora su quel foglio c'erano anche le curve regolari della mia calligrafia, in blu indaco.

In mezzo a tutte le storie che ci raccontiamo per vivere e in mezzo ai tentativi di lasciar andare queste storie nel momento in cui ci accorgiamo che distorcono il nostro sguardo sulle cose, tanto da diventare carceri in cui ci rinchiudiamo con le nostre stesse mani, ci sono momenti di silenzio. Avevo la sensazione che per me ne fosse arrivato uno. Sono momenti di grande apertura in cui tutto sembra possibile e allo stesso tempo impossibile. Momenti di confusione, delusione e fiducia, in cui non sappiamo e in cui non dobbiamo sapere. Momenti in cui capita di fare un passo avanti, senza accorgersene, prendendo una nuova direzione. Sono questi i momenti in cui la vita si riscrive.

Mi trovai a pensare a tutte le persone che mi stavano accanto, provando a immaginarle nella mia vita in quella grande casa. Pensavo a tutte le persone che a modo mio amavo e che a modo loro amavano me, persone simpatiche, gentili, stravaganti, impegnative, intelligenti, esigenti, affascinanti e problematiche, che attraversavano la vita nonostante il sale dei venti dell'est e il sole cocente. Persone su cui a volte potevo fare affidamento e altre no, che mi avevano lasciato solo pur continuando a starmi a fianco, che mi aiutavano ad affrontare la giornata e che in fondo rendevano possibile la mia vita, questa vita da solo. Persone con cui volevo condividere e avrei condiviso il mio futuro.

Forse era questo ciò a cui si riferiva Simone Weil descrivendo le amicizie come un miracolo, un «miracolo, come la bellezza».[9] Nelle amicizie e nella ricerca di equilibrio tra vicinanza e distanza che le contraddistingue Weil vedeva un esempio paradigmatico di come si possa convivere con l'ambiguità. Che le amicizie possano esistere nonostante l'incertezza che le caratterizza, lo considerava un regalo, un segno di grazia.[10] Quello che ci può sembrare un eccesso di *pathos*, era una consapevolezza che Weil si era guadagnata in una vita difficile, spesso solitaria e piena di catastrofi personali, vissuta tra le due guerre mondiali. Una vita in cui più di una volta sembrava che la terra dovesse smettere di ruotare e che non ci fosse più un futuro.

Pensai a lungo a cosa fare di quell'elenco che avevo in mano. E quando già mi stavo avviando in cucina per gettarlo nel sacco della carta, d'un tratto cambiai idea. Lisciai il foglio e lo riposi nuovamente tra i miei appunti.

RINGRAZIAMENTI

Ci sono persone senza le quali non vorrei vivere questa vita da solo. Persone che mi stanno vicine e che ci sono per me tutte le volte che possono. A loro va la mia gratitudine. Alcune sono comparse con il proprio nome tra le pagine di questo libro, altre sono rimaste anonime oppure sono presenti nelle parentesi del pensiero. Mi piacerebbe poter accludere qui una lista con tutti i loro nomi. Spero però che sappiano che mi riferisco a loro e che hanno un posto fisso nel mio cuore.

Un grazie particolare va a Gabriele von Arnim, Sylvia Bahr, Isabel Bogdan, Theresia Enzensberger, Beatrice Fassbender, Julia Graf, Franziska Günther, Karsten Kredel, Kristof Magnusson, Lina Muzur, Marie Naumann, Maria-Christina Piwowarski, Anne Scharf, Olaf Wielk, Hanya Yahagihara, come anche a Jacob Hochrein e a Esther Mikuszies del Goethe-Institut Nancy e a Carole Barmettler, Manuel Berger e Walter Willy Willimann del *Beau Séjour* di Lucerna. Tutte e tutti hanno contribuito a questo libro, nutrendo con le nostre conversazioni i pensieri che lo sorreggono, concedendomi spazi temporali ed emotivi in forma di residenze per scrittori, condividendo generosamente con me le prime impressioni di lettura o dandomi fondamentali impulsi intellettuali e linguistici. Senza di loro *Soli* non esisterebbe.

NOTE

La vita da soli

1 Anthony Feinstein e Hannah Storm, *The Emotional Toll on Journalists Covering The Refugee Crisis,* «Report of the Institute for the Study of Journalism», luglio 2017; vedi anche Nicole Krauss, *We're Living in a World of Walls. Here Is a Window to Escape*, «New York Times», 23 ottobre 2020.

2 Gli effetti benefici del giardinaggio sulla mente sono descritti da Sue Stuart Smith, *Coltivare il giardino della mente*, trad. di Roberta Zuppet, Rizzoli 2001.

3 Jean-Francois Lyotard, *La condizione postmoderna: rapporto sul sapere*, trad di Carlo Formenti, Feltrinelli 2014.

4 Eva Illouz, *Perché l'amore fa soffrire*, trad. di Giovanna Mancini, a cura di Roberta Sassatelli, il Mulino 2013; vedi anche: Eva Illouz, *La fine dell'amore: sociologia delle relazioni negative*, trad. di Giovanni Giri, Codice, 2020.

5 Julia Samuel, *This Too Shall Pass. Stories of Change, Crisis and Hopeful Beginnings*, Penguin 2020.

6 Cfr. Sasha Roseneil, *Neue Freundschaftspraktiken, Fürsorge und Sorge um sich im Zeitalter der Individualisierung*, in «Mittelweg 36, Zeitschrift des Hamburger Instituts für Sozialforschung», 2008, n. 3, pp. 55-70.

7 Secondo i dati pubblicati nel 2019 dall'Istituto di statistica tedesco Destatis, 17,3 milioni di persone vivono da sole in Germania. Rispetto ai primi anni Novanta questo numero è aumentato della metà, arrivando a rappresentare il 42% di tutti i nuclei familiari. Le coppie costituiscono solo il 34% dei nuclei, mentre sono ancora meno numerosi i nuclei familiari formati da tre o quattro persone. Un quadro analogo caratterizza quasi tutti i Paesi dell'Europa occidentale e del Nordamerica. Secondo l'ISTAT, in Italia nel 2021 le famiglie unipersonali erano il 33,2%.

8 Studi scientifici dimostrano come i legami stretti siano il miglior modo per affrontare difficoltà emotive; cfr. Amir Levine e Rachel S.F. Heller, *Dimmi come ami e ti dirò chi sei*, trad. di Nicoletta Russo Del Santo, TEA 2012; Giovanni Frazzetto, *Perché proviamo ciò che proviamo: una teoria delle emozioni*, Rizzoli 2013.

9 Marilyn Friedman, *Freundschaft und moralisches Wachstum*, in «Deutsche Zeitschrift für Philosophie», 45/1997, n. 2, pp. 235-248.

10 Sasha Roseneil, *Neue Freundschaftspraktiken. Fürsorge und Sorge um sich im Zeitalter...*, cit.

11 Cfr. Liz Spencer e Ray Pahl, *Rethinking Friendship. Hidden Solidarities Today*, Princeton University Press 2006.

12 Cfr. Janosch Schobin, Vincenz Leuschner, Sabine Flick, Erika Alleweldt, Eric Anton Heuser, Agnes Brandt, *Freundschaft heute: Eine Einführung in die Freundschaftssoziologie*, Bielefeld 2016, pp. 11-9.

13 Per una panoramica esaustiva della gamma dei rapporti di amicizia, vedi Liz Spencer e Ray Pahl, *Rethinking Friendship*, cit.

14 Maggie Nelson, *The Red Parts: Autobiography of a Trial*, Free Press 2007.

15 Robert Pogue Harrison, *Giardini: riflessioni sulla condizione umana*, trad. di Marianna Matullo e Valentina Nicoli, Fazi 2009.

The Kindness of Strangers

1 Roland Barthes, *Barthes di Roland Barthes*, trad. di Gianni Celati, Einaudi 2007, p. 116.
2 Maggie Nelson, *Bluets*, Wave Books 2009.
3 Marguerite Duras, *Scrivere*, trad. di Leonella Caruso, Feltrinelli 1994.
4 Lauren Berlant, *Cruel Optimism*, Duke University Press 2011, pp. 1-21.
5 Idem, p. 187.
6 Idem, p. 14.
7 Roland Barthes, *Frammenti di un discorso amoroso*, trad. di Renzo Guidieri, Einaudi 2001 .
8 Virginia Woolf, *The Death of the Moth and Other Essays*, Penguin Books 1961.
9 Si veda Rebecca Solnit, *Storia del camminare*, trad. di Gabriella Agrati e Maria Letizia Magini, Ponte alle Grazie 2018.
10 Silvia Bovenschen descrive questo fenomeno riflettendo sul concetto di idiosincrasia; cfr. *Über-Empfindlichkeit. Spielformen der Idiosynkrasie*, Suhrkamp 2000; si veda soprattutto il capitolo *Ach wie schön. Freundschaft und idiosynkratische Befremdungen*, pp. 119-149.
11 Per una descrizione molto autentica del ruolo che questa "rete web di amicizie" ha sulla nostra vita, si veda Ann Friedman e Aminatou Sow, *Big Friendship. How We Keep Each Other Close*, Simon & Shuster 2020, in particolare pp. 99-117.
12 Mark S. Granovetter, *La forza dei legami deboli*, in *La forza dei legami deboli e altri saggi*, introduzione e cura di Massimo Follis, Liguori 1998, pp. 115-147.
13 Si vedano per esempio Nicholas A. Christakis e James H. Fowler, *Connected. The Surprising Power of Social Networks and How They Shape our Lives*, Little Brow & Co. 2009; Lydia Denworth, *Friendship. The Evolution, Biology, and Extraordinary Power of Life's Fundamental Bond*, Bloomsbury Sigma 2020, in particolare pp. 138-163.

14 Adam Philips e Barbara Taylor, *Elogio della gentilezza: breve storia di un valore in disuso*, trad. di Marcello Monaldi, Ponte alle Grazie 2009.

15 Un approccio molto stimolante al tema dell'amicizia come filosofia di vita si trova in The School of Life, *On Being Nice*, The School of Life Press 2017.

Conversazioni in amicizia

1 Silvia Bovenschen, *Vom Tanz der Gedanken und Gefühle*, in Juliane Beckmann e Silvia Bovenschen (a cura di), *Von der Freundschaft. Ein Lesebuch*, Fischer Taschenbuch 2009, pp. 7-19.

2 Hans-Georg Gadamer: *Freundschaft und Selbsterkenntnis. Zur Rolle der Freundschaft in der griechischen Ethik (1985)*, in *Gesammelte Werke, Bd. 7*, Tübingen 1999, pp. 396-406.

3 Hans-Georg Gadamer, *Amicizia e solidarietà*, in *La responsabilità del pensare: saggi ermeneutici*. Introduzione e traduzione di Riccardo Dottori, V&P Università 2002, pp. 64-75.

4 Gilles Deleuze e Félix Guattari *Che cos'è la filosofia?*, a cura di Carlo Arcuri, trad. di Angela De Lorenzis, Einaudi 2002.

5 Alexander Nehamas, *On Friendship*, Basic Books 2006.

6 Aristotele *Etica Nicomachea*, Libro VIII, paragrafo 2.

7 *Idem*, Libro IX, paragrafo 4.

8 Cfr. Andree Michaelis-König e Erik Schilling *Poetik und Praxis der Freundschaft (1800-1933)*, Universitätsverlag Winter, 2019, pp. 9-23.

9 Andreas Schinckel, *Das Selbst im Spiegel des Anderen. Zur Geschichte und Struktur der Freundschaft*, in Dirk Dillány, Matthias D. Witte, Uwe Sander, *Globale Jugend und Jugendkulturen. Aufwachsen im Zeitalter der Globalisierung*, Beltz Juventa 2007, pp. 315-29.

10 Michel de Montaigne, *Sull'amicizia*, trad. di Giuseppe Pintorno, La Vita Felice, 1996.

11 Ibidem.

12 Michael Monsour, *The Hackneyed Notions of Adult 'Same-Sex' and 'Opposite-Sex' Friendships*, in Mahzad Hojjat e Anne Moyer, *The Psychology of Friendship*, Oxford University Press 2016, pp. 59-74.

13 Jacques Derrida, *Politiche dell'amicizia*, trad. di Gaetano Chiurazzi, Raffaello Cortina editore 1996.

14 Cfr. Marilyn Yalom e Theresa Donovan Broen, *The Social Sex: A History of Female Friendship*, Harper Perennial, 2015.

15 Katrin Berndt, *Narrating Friendship and the British Novel, 1760-1830*, Routledge 2016.

16 Sull'argomento si veda l'importante ricerca di Lillian Faderman, *Surpassing the Love of Men. Romantic Friendship and Love Between Woman from the Renaissance to the Present*, Women press 1981.

17 Mitja D. Back, Stefan C. Schmukle e Boris Egloss, *Becoming Friends by Chance*, in «Psychological Science», maggio 2008, vol. 19 (5), pp. 439-440.

18 Maarten Selfhout, Jaap Denissen, Susan Branje e Wim Meeus, *In the Eye of the Beholder: Perceived, Actual, and Peer-Rated Similarity in Personality, Communication, and Friendship Intensity During the Acquaintanceship Process*, in «Journal of Personality and Social Psychology», giugno 2009, vol. 96 (6), pp. 1152-1165.

19 Nicholas A. Christakis, *Blueprint. The Evolutionary Origin of Good Society*, Little Brown 2019.

20 Klaus-Dieter Eichler, *Zu einer Philosophie der Freundschaft*, in Klaus-Dieter Eichler (a cura di), *Philosophie der Freundschaft*, Reclam 1999, pp. 215-241.

21 Cfr. Jon Nixon, *Hannah Arendt and the Politics of Friendship*, Bloomsbury 2015.

22 Cfr. Matthias Bormuth e Hannah Arendt, *Freundschaft in finsteren Zeiten. Die Lessing-Rede mit Erinnerungen von Richard Bernstein, Mary McCarthy, Alfred Kazin und Jerome Kohn*, Matthes & Seitz 2018.
23 Cfr. Hannah Arendt, *L'umanità in tempi bui: riflessioni su Lessing*, trad. e cura di Laura Boella, Raffaello Cortina editore 2006.
24 Cfr. Richard Riess, *Freundschaft–Ferment des Lebens*, in Richard Riess (a cura di), *Freundschaft*, Lambert Schneider Verlag 2014.
25 Jacques Derrida *Politiche dell'amicizia*, cit., p. 204.

Mai così solo

1 Per questa differenziazione, si veda Lars Svendsen, *A Philosophy of Loneliness*, Reaktion Book 2017, p. 15.
2 Idem, p. 22.
3 Si vedano per esempio David Riesman, *La folla solitaria*, trad. di Marco Walter Battacchi, il Mulino 1956; Robert Putnam, *Bowling Alone. The Collapse and Survival of American Community*. Simon & Schuster 2000; Vivek Murthy, *Together. The Healing Power of Human Connection in a Sometimes Lonely World*, Harperwave 2020; Diana Kinnert e Marc Bielefeld, *Die Neue Einsamkeit. Und wie wir sie als Gesellschaft* überwinden *können*, Hoffmann und Campe verlag 2021.
4 Per un'esauriente panoramica degli studi più recenti sull'argomento, si veda: universityaffairs.ca/features/feature-article/loneliness-the-silent-killer.
5 Cfr. George E. Vaillant, *Triumphs of experience: The Men of the Harvard Grant Study*, Belknap Press 2012.
6 Olivia Laing, *Città sola*, trad. di Francesca Mastruzzo, il Saggiatore 2018.

7 Robert Weiss, *Loneliness. The Experience of Emotional and Social Isolation*, Mit Press 1975.
8 Frieda Fromm-Reichmann, *Loneliness*, in «Contemporary Psychoanalysis», Vol. 26, 1990, pp. 305-329.
9 Ibidem.
10 Robert Weiss, *Loneliness*, cit.
11 Giovanni Frazzetto, *Together, Closer: Stories of Intimacy in Friendship, Love and Family*, Piatkus 2017.
12 Melanie Klein, *Sul senso di solitudine*, in *Il nostro mondo adulto ed altri saggi*, trad. di A Ponsi, G. Martinelli 1972.

Perdite ambigue

1 Victor Turner, *Il processo rituale: struttura e antistruttura*, trad. di Dario Zadra, Morcelliana 2001.
2 Pauline Boss, *Ambiguous Loss Theory: Challanges for Scholars and Practitioners*, in «Family Relations», aprile 2007, 56/2, pp. 105-112; vedi anche Pauline Boss, *Loss, Trauma, and Resilience. Therapeutic Work With Ambiguous Loss*, W.W. Norton & Co 2006.
3 Cfr. Hannah Black, *The Loves of Others*, The New Inquiry, 22 giugno 2018, thenewinquiry.com.
4 Ibidem.
5 Laurent Berlant, *Desire/Love*, Punctum Books 2012.
6 Zygmunt Bauman, *Amore liquido: sulla fragilità dei legami affettivi*, trad. di Sergio Minucci, Editori Laterza 2006.
7 Per un approfondimento di questi concetti si vedano Patrick Carnes, *Sexual Anorexia. Overcoming Sexual Self-Hatred*, Center City 1997; Douglas Weiss, *Intimacy Anorexia: Healing the Hidden Addiction in Your Marriage*, Discovery Press 2010.
8 Janosch Schobin, *Sechs Farben und drei Rotationsachsen. Versuch* über *Verpflichtungen in Freundschaften*, in «Mittelweg 36, Zeitschrift des Hamburger Instituts für Sozialforschung», giugno/luglio 2008, pp. 17-41.

9 Per la storia e la filosofia del lavoro a maglia, si vedano anche Loretta Napoleoni, *Sul filo di lana*, Mondadori 2019; Richard Rutt, *A History of Hand Knitting*, Interweave press 1989; Ann Patchett, *How Knitting Saved My Life. Twice*, in Ann Hood (a cura di), *Knitting Yarns. Writers on Knitting*, W.W. Norton & Company 2014, pp. 204-211.

10 Victor Turner, *Il processo rituale: struttura e antistruttura*, trad. di Dario Zadra, Morcelliana 2001.

11 Idem.

12 Pauline Boss e Donna Carnes, *The Myth of Closur*, in «Family Profess», dicembre 2012, 51/4, pp. 456-470.

I giorni di Famara

1 Roland Barthes, *Comment vivre ensemble: simulations romanesques de quelques espaces quotidiens*, Cours et séminaires au Collège de France (1976-1977), Seuil/IMEC, «Traces écrites», 2002.

2 Roland Barthes, *Dove lei non è: diario di lutto: 26 ottobre 1977-15 settembre 1979*, a cura di Nathalie Leger, trad. di Valerio Magrelli, Einaudi 2010.

3 Walt Odets, *Out of the Shadows. Reimagining Gay Men's Lives*, Picador 2019.

4 Eve Kosofsky Sedgvick, *Shame, Theatricalicity, and Queer Performativity: Henry James's The Art of the Novel*, in David Halperin e Valerie Traub, *Gay Shame*, University of Chicago Press 2009, pp. 49-62.

5 Alan Downs, *The Velvet Rage. Overcoming the Pain of Growing Up Gay in a Straight Man's World*, Da Capo Lifelong 2006.

6 Didier Eribon, *Riflessioni sulla questione gay*, trad. di Viviano Cavagnoli, Ariele 2015.

7 Sugli atteggiamenti assunti verso le persone queer nella storia si vedano Dennis Altman e Jonathan Symons, *Queer Wars: The New Global Polarization over Gay Rights*, Polity Press 2016; Lilian Faderman, *The Gay Revolution. The Story of the Struggle*, Simon & Schuster 2015; Benno Gammerl, *Anders fühlen. Schwules und lesbisches Leben in der Bundesrepublik. Eine Emotionsgeschichte*, Hanser 2021.
8 Pierre Bourdieu, *Le mort saisit le vif* in *Actes de la recherche en sciences sociales*, Vol. 32-33, 1980, pp. 3-14.
9 Roxane Gay, *Fame: storia del mio corpo*, trad. di Alessandra Montrucchio, Einaudi 2018.
10 Per la descrizione di questa distopia si veda lo straordinario saggio di Billy-Ray Belcourt, *Storia del mio breve corpo*, trad. di Sara Reggiani, Black Coffee 2021.
11 Sull'argomento si veda Michel Foucault, *De l'amitié comme mode de vie*, in *Dits et* écrits, 2 voll., Gallimard 2001, vol. II, n. 293, pp. 982-986, cfr. anche Tom Roach, *Friendships as a Way of Life. Foucault,* AIDS *and the Politics of Shared Estrangement*, Suny Press 2012.
12 Didier Eribon, *Riflessioni sulla questione gay*, trad. di Viviano Cavagnoli, Ariele 2015.

Il lavoro sul corpo

1 Jacques Derrida, *Politiche dell'amicizia*, trad. di Gaetano Chiurazzi, Raffaello Cortina editore 1996.
2 Audre Lorde, *A Burst of Light and Other Essays*, Ixia 2017.
3 Susie Orbach, *Corpi*, trad. di Davide Fassio, Codice 2010.
4 Olivia Laing, *Everybody: un libro sui corpi e sulla libertà*, trad. di Alessandra Castellazzi, il Saggiatore 2022.
5 Bessel van der Kolk, *Il corpo accusa il colpo: mente, corpo e cervello nell'elaborazione delle memorie traumatiche*, trad. di Maria Silvana Patti e Alessandro Vassalli, Raffaello Cortina editore 2015.

6 Sherry Turkle, *Insieme ma soli: perché ci aspettiamo sempre più dalla tecnologia e sempre meno dagli altri*, trad. di Susanna Bourlot e Lorenzo Lilli, Einaudi 2019; Sherry Turkle, *La conversazione necessaria: la forza del dialogo nell'era digitale*, trad. di Luigi Giacone, Einaudi 2016.
7 Odo Marquard, *Plädoyer für die Einsamkeitsfähigkeit*, in Odo Marquard, *Skepsis und Zustimmung*, Philosophische Studien, 1995.
8 Cfr. Clark A. Moustakas, *Loneliness*, Simon & Schuster 1990 e Ben L. Mijuskovic, *Loneliness in Philosophy*, Praeger 1979.
9 Cfr. Clark A. Moustakas, *Loneliness*, cit.
10 Michel de Montaigne, *Della solitudine*, in *Saggi I*, a cura di Fausta Garavini, Adelphi 1992, pp. 310-326.
11 Hannah Arendt, *La vita della mente*, a cura di Alessandro Dal Lago, trad. di Giorgio Zanetti, il Mulino 1987.
12 Emmanuel Lévinas, *Il tempo e l'altro*, trad. di Francesca Nodari, Mimesis 2022.

Commiati

1 Audre Lorde, *The Selected Works of Audre Lorde*, W.W. Norton & Company 2020.
2 Arpád Szakolczai, *Reflexive historical sociology*, Routledge 2000, e Arpád Szakolczai, *Permanent (Trickster) Liminality: The Reasons of the Heart and of the Mind*, in *Theory & Psychology* 2017, Vol. 27(2), pp. 231-248.
3 Si veda anche Bjørn Thomassen, *Liminality and the Modern. Living Through the In-Between*, Routledge 2014.
4 Roland Barthes, *Dove lei non è...*, cit., p. 124.
5 Deborah Levy, *Real Estate*, Bloomsbury 2021.
6 Pauline Boss, *Verlust, Trauma, Resilienz. Die therapeutische Arbeit mit dem "uneindeutigen Verlust"*, Klett-Cotta 2008; cfr. soprattutto la parte *Therapeutische Ziele im Umgang mit uneindeutigem Verlust*, pp. 103-267.

7 Sulla storia dei giardini si veda Derek Jarman, *Il giardino di Derek Jarman*, trad. di Fiorenza Conte, Nottetempo 2019.
8 Derek Jarman, *Modern Nature: The Journals, 1989-1990*, Vintage Classic 2018.
9 Simone Weil, *L'ombra e la grazia*, trad. di Franco Fortini, Edizioni di Comunità 2021, p. 121.
10 Si veda Simone Weil, *Amitié. L'art de bien aimer*, Editions Payet & Rivages, 2016; si veda anche l'illuminante prefazione di Valérie Gérard, pp. 7-24.

BIBLIOGRAFIA

Dennis Altman e Jonathan Symons, *Queer Wars: The New Global Polarization over Gay Rights*, Polity Press 2016

Hannah Arendt, *La vita della mente*, a cura di Alessandro Dal Lago, trad. di Giorgio Zanetti, il Mulino 1987

Hannah Arendt, *L'umanità in tempi bui: riflessioni su Lessing*, trad. e cura di Laura Boella, Raffaello Cortina editore 2006

Aristotele *Etica Nicomachea*, trad. di Carlo Natalim, Editori Laterza 1999

Mitja D. Back, Stefan Schmukle e Boris Egloss, *Becoming Friends by Chance*, in «Psychological Science», maggio 2008

Alain Badiou e Nicolas Truong, *Elogio dell'amore*, trad. di Sara Puggioni, Beat 2021

Roland Barthes, *Comment vivre ensemble: simulations romanesques de quelques espaces quotidiens*, Cours et séminaires au Collège de France (1976-1977), Seuil/IMEC, «Traces écrites», 2002

Roland Barthes, *Barthes di Roland Barthes*. Trad. di Gianni Celati, Einaudi 2007

Roland Barthes, *Dove lei non è: diario di lutto: 26 ottobre 1977-15 settembre 1979*, a cura di Nathalie Leger, trad. di Valerio Magrelli, Einaudi 2010

Roland Barthes, *Frammenti di un discorso amoroso*, trad. di Renzo Guidieri, Einaudi 2001

Zygmunt Bauman, *Amore liquido: sulla fragilità dei legami affettivi*, trad. di Sergio Minucci, Editori Laterza 2006

Billy-Ray Belcourt, *Storia del mio breve corpo*, trad. di Sara Reggiani, Black Coffee 2021

Lauren Berlant, *Cruel Optimism*, Duke Un. Press 2011

Laurent Berlant, *Desire/Love*, Punctum Books 2012

Katrin Berndt, *Narrating Friendship and the British Novel, 1760-1830*, Routledge 2016

Mattilda Bernstein Sycamore, *Why Are Faggots So Afraid of Faggots? Flaming Challenges to Masculinity, Objectification, and the Desire to Conform*, Ak Press 2012

Hannah Black, *The Loves of Others*, The New Inquiry, 22 giugno 2018

Matthias Bormuth e Hannah Arendt (a cura di),*: Freundschaft in finsteren Zeiten. Die Lessing-Rede mit Erinnerungen von Richard Bernstein, Mary McCarthy, Alfred Kazin und Jerome Kohn*, Matthes & Seitz 2018

auline Boss, *Ambiguous Loss Theory: Challanges for Scholars and Practitioners*, in «Family Relations», aprile 2007

Pauline Boss, *Loss, Trauma, and Resilience. Therapeutic Work With Ambiguous Loss*, W.W. Norton & Co 2006

Pauline Boss e Donna Carnes, *The Myth of Closur*, in «Family Profess», dicembre 2012

Pierre Bourdieu, *Le mort saisit le vif* in *Actes de la recherche en sciences sociales*, Vol. 32-33, 1980

Silvia Bovenschen *ber-Empfindlichkeit. Spielformen der Idiosynkrasie*, Suhrkamp 2000

Silvia Bovenschen, *Vom Tanz der Gedanken und Gefühle*, in Juliane Beckmann e Silvia Bovenschen (a cura di), *Von der Freundschaft. Ein Lesebuch*, Fischer Taschenbuch 2009

Christina von Braun, *Blutsbande. Verwandtschaft als Kulturgeschichte*, Aufbau Verlage 2018

Anita Brookner, *Hotel du Lac*, Penguin 1994

Patrick Carnes, *Sexual Anorexia. Overcoming Sexual Self-Hatred*, Center City 1997

Nicholas A. Christakis e James H. Fowler, *Connected. The Surprising Power of Social Networks and How They Shape our Lives*, Little Brow & Co. 2009

Nicholas A. Christakis, *Blueprint. The Evolutionary Origin of Good Society*, Little Brown 2019

Gilles Deleuze e Félix Guattari *Che cos'è la filosofia?*, a cura di Carlo Arcuri, trad. di Angela De Lorenzis, Einaudi 200

Lydia Denworth, *Friendship. The Evolution, Biology, and Extraordinary Power of Life's Fundamental Bond*, Bloomsbury Sigma 2020

Jacques Derrida, *Politiche dell'amicizia*, trad. di Gaetano Chiurazzi, Raffaello Cortina editore 1996

Joan Didion, *L'anno del pensiero magico*, trad. di Vincenzo Mantovani, il Saggiatore 2021

Joan Didion, *Verso Betlemme*, trad. di Delfina Vezzoli, il Saggiatore 2015

Joan Didion, *The White Album*, trad. di Delfina Vezzoli, il Saggiatore 2015

Alan Downs, *The Velvet Rage. Overcoming the Pain of Growing Up Gay in a Straight Man's World*, Da Capo Lifelong 2006.

Marguerite Duras. *Scrivere*, trad. di Leonella Prato Caruso, Feltrinelli 1994

Klaus-Dieter Eichler, *Zu einer Philosophie der Freundschaft*, in Klaus-Dieter Eichler (a cura di), *Philosophie der Freundschaft*, Reclam 1999

Didier Eribon, *Riflessioni sulla questione gay*, trad. di Viviano Cavagnoli, Ariele 2015

Annie Ernaux, *Gli anni*, trad. di Lorenzo Flabbi, L'orma 2015

Lillian Faderman, *Surpassing the Love of Men. Romantic Friendship and Love Between Woman from the Renaissance to the Present*, Women press 1981

Lillian Faderman, *The Gay Revolution. The Story of the Struggle*, Simon & Schuster 2015

Anthony Feinstein e Hannah Storm, *The Emotional Toll on Journalists Covering The Refugee Crisis. Report of the Institute for the Study of Journalism*, luglio 2017

Bruce Fink, *Lacan on Love. An Exploration of Lacan's Seminar VIII*, Transference, Polity 2016

Giovanni Frazzetto, *Perché proviamo ciò che proviamo: una teoria delle emozioni*, Rizzoli 2013

Ann Friedman e Aminatou Sow, *Big Friendship. How We Keep Each Other Close*, Simon & Schuster 2020

Marilyn Friedman, *Freundschaft und moralisches Wachstum*, in *Deutsche Zeitschrift für Philosophie*, Berlin

Frieda Fromm-Reichmann, *Loneliness*, in «Contemporary Psychoanalysis», Vol. 26, 1990

Hans-Georg Gadamer: *Freundschaft und Selbsterkenntnis. Zur Rolle der Freundschaft in der griechischen Ethik (1985)*, in Gesammelte Werke, Bd. 7, Tübingen 1999

Hans-Georg Gadamer, *Amicizia e solidarietà*, in *La responsabilità del pensare: saggi ermeneutici*. Introduzione e traduzione di Riccardo Dottori, V&P Università 2002

Benno Gammerl, *Anders fühlen. Schwules und lesbisches Leben in der Bundesrepublik. Eine Emotionsgeschichte*, Hanser 2021

Roxane Gay, *Fame: storia del mio corpo*, trad. di Alessandra Montrucchio, Einaudi 2018

Robert Harrison, *Gärten. Ein Versuch über das Wesen des Menschen*, Hanser Belletristik 2010

Siri Hustvedt, Vivere, pensare, guardare, trad. di Gioia Guerzoni, Einaudi 2014
Eva Illouz, *Perché l'amore fa soffrire*, trad. di Giovanna Mancini, ed. a cura di Roberta Sassatelli, il Mulino 2013
Eva Illouz, *La fine dell'amore: sociologia delle relazioni negative*, trad. di Giovanni Giri, Codice, 2020
Derek Jarman, *Il giardino di Derek Jarman*, trad. di Fiorenza Conte, Nottetempo 2019
Derek Jarman, *Modern Nature: The Journals, 1989-1990*, Vintage Classic 2018
iana Kinnert e Marc Bielefeld, *Die Neue Einsamkeit. Und wie wir sie als Gesellschaft* überwinden *können*, Hoffmann und Campe verlag 2021
Melanie Klein, Invideia e gratitudine, trad. di Laura Zeller Tolentino, Giunti 2017
Bessel van der Kolk, Il corpo accusa il colpo. *Mente, corpo e cervello nell'elaborazione delle memorie traumatiche*, trad. di Sara Francavilla, Raffaello Cortina editore 2015
Eve Kosofsky Sedgwick, *A Dialogue on Love*, Beacon 1999
Eve Kosofsky Sedgvick, *Shame, Theatricalicity, and Queer Performativity: Henry James's The Art of the Novel*, in David Halperin e Valerie Traub, *Gay Shame*, University of Chicago Press 2009
Siegfried Kracauer, *Sull'amicizia*, trad. di Luiso Portesi, Marietti 2000
Nicole Krauss, *We're Living in a World of Walls. Here Is a Window to Escape*, «New York Times»
Julia Kristeva, *Storie d'amore*, trad. di Spinella, Donzelli 2012
Olivia Laing, *Città sola*, trad. di Francesca Mastruzzo, il Saggiatore 2018
Olivia Laing, *Everybody. Un libro sui corpi e sulle libertà*, trad. di Alessandra Castellazzi, il Saggiatore 2022

Ben Lazare Mijuskovic, *Loneliness in Philosophy*, Praeger 1979
Emmanuel Lévinas, *Il tempo e l'altro*, trad. di Francesca Nodari, Mimesis 2022
Amir Levine e Rachel S.F. Heller, *Dimmi come ami e ti dirò chi se,* trad. di Nicoletta Russo Del Santo, TEA 2012
Deborah Levy, *Things I Don't Want to Know*, Penguin 2013
Deborah Levy, *The Cost of Living*, Penguin 2018
Deborah Levy, *Real Estate*, Penguin 2022
Audre Lorde, *A Burst of Light and Other Essays*, Ixia Pr 2017
Audre Lorde, *The Selected Works of Audre Lorde*, W.W. Norton & Co 2020
Jean-Francois Lyotard, *La condizione postmoderna: rapporto sul sapere*, trad di Carlo Formenti, Feltrinelli 2014
Odo Marquard, *Plädoyer für die Einsamkeitsfähigkeit*, in Odo Marquard, *Skepsis und Zustimmung*, Philosophische Studien 1995
Andree Michaelis-König e Erik Schilling, *Poetik und Praxis der Freundschaft. Zur Einführung*, in Andree Michaelis-König e Erik Schilling (a cura di), *Poetik und Praxis der Freundschaft (1800-1933)*, Universitätsverlag WINTER, 2019
Michael Monsour, *The Hackneyed Notions of Adult 'Same-Sex' and 'Opposite-Sex' Friendships*, in Mahzad Hojjat e Anne Moyer, *The Psychology of Friendship*, Oxford University Press 2016
Michel de Montaigne, *Saggi*, a cura di Fausta Garavini, Adelphi 1992
Clark A. Moustakas, *Loneliness*, Simon & Schuster 1990
Vivek Murthy, *Together. The Healing Power of Human Connection in a Sometimes Lonely World*, Harperwave 2020
Loretta Napoleoni, *Sul filo di lana: come riconnetterci gli uni con gli altri*, Mondadori 2019
Alexander Nehamas, *On Friendship*, Basic Books 2006

Maggie Nelson, *Bluets*, Wave Books 2009

Maggie Nelson, *The Red Parts: Autobiography of a Trial*, Free Press 2007

Jon Nixon, *Hannah Arendt and the Politics of Friendship*, Bloomsbury 2015

Walt Odets, *Out of the Shadows. Reimagining Gay Men's Lives*, Picador 2019

Susie Orbach, *Corpi*, trad. di Davide Fassio, Codice 2010.

Ann Patchett, *Truth and Beauty. A Friendship*, Perennial 2004

Ann Patchett, *How Knitting Saved My Life. Twice*, in Ann Hood (a cura di), *Knitting Yarns. Writers on Knitting*, W.W. Norton & Company 2014

Adam Philips e Barbara Taylor, *Elogio della gentilezza: breve storia di un valore in disuso*, trad. di Marcello Monaldi, Ponte alle Grazie 2009

Robert Putnam, *Bowling Alone. The Collapse and Survival of American Community*. Simon & Schuster 2000

David Riesman, *La folla solitaria*, trad. di Marco Walter Battacchi, il Mulino 1956

Richard Riess (a cura di), *Freundschaft*, Lambert Schneider Verlag 2014

Tom Roach, *Friendships as a Way of Life. Foucault, AIDS and the Politics of Shared Estrangement*, Suny Press 2012

Richard Rutt, *A History of Hand Knitting*, Interweave press 1989

Julia Samuel, *This Too Shall Pass. Stories of Change, Crisis and Hopeful Beginnings*, Penguin 2020

Jean-Paul Sartre, *La nausea*, trad. di *Bruno Fonzi*, Einaudi 1955

Andreas Schinkel, *Das Selbst im Spiegel des Anderen. Zur Geschichte und Struktur der Freundschaft*, in Dirk Villány, Matthias D. Witte,

Uwe Sander, *Globale Jugend und Jugendkulturen. Aufwachsen im Zeitalter der Globalisierung*, Belz Juventa 2007.

Janosch Schobin, Vincenz Leuschner, Sabine Flick, Erika Alleweldt, Eric Anton Heuser, Agnes Brandt: *Freundschaft heute: Eine Einführung in die Freundschaftssoziologie*, Bielefeld 2016,

Maarten Selfhout, Jaap Denissen, Susan Branje e Wim Meeus, *In the Eye of the Beholder: Perceived, Actual, and Peer-Rated Similarity in Personality, Communication, and Friendship Intensity During the Acquaintanceship Process*, in «Journal of Personality and Social Psychology», giugno 2009

Storia del camminare, trad. di Gabriella Agrati e Maria Letizia Magini, Ponte alle Grazie 2018

Liz Spencer e Ray Pahl, *Rethinking Friendship. Hidden Solidarities Today*, Princeton University Press 2006.

Sue Stuart Smith, *Coltivare il giardino della mente*, trad. di Roberta Zuppet, Rizzoli 2001

Lars Svendsen, *A Philosophy of Loneliness*, Reaktion Book 2017

Arpád Szakolczai, *Reflexive historical sociology*, Routledge 2000

Arpád Szakolczai, *Permanent (Trickster) Liminality: The Reasons of the Heart and of the Mind*, in: *Theory & Psychology* 2017

The School of Life, *On Being Nice*, The School of Life 2017

Bjørn Thomassen, *Liminality and the Modern. Living Through the In-Between*, Routledge 2014

Sherry Turkle, *Insieme ma soli: perché ci aspettiamo sempre più dalla tecnologia e sempre meno dagli altri*, trad. di Susanna Bourlot e Lorenzo Lilli, Einaudi 2019

Sherry Turkle, *La conversazione necessaria: la forza del dialogo nell'era digitale*, trad. di Luigi Giacone, Einaudi 2016.

Victor Turner, *Il processo rituale: struttura e antistruttura*, trad. di Dario Zadra, postfazione di Roger D. Abrahams, Morcelliana 2001

George E. Vaillant, *Triumphs of experience: The Men of the Harvard Grant Study*, Belknap Press 201

Simone Weil, *Amitié. L'art de bien aimer*, Editions Payet & Rivages, 2016

Simone Weil, *L'ombra e la grazia*, trad. di Franco Fortini, Edizioni di Comunità 2021

Douglas Weiss, *Intimacy Anorexia: Healing the Hidden Addiction in Your Marriage*, Colorado Springs 2010

Robert Weiss, *Loneliness. The Experience of Emotional and Social Isolation*, Mit Press 1975

Virginia Woolf, *The Death of the Moth and Other Essays*, Penguin Books 1961

Marilyn Yalom e Theresa Donovan Broen: *The Social Sex: A History of Female Friendship*, Harper Perennial, 2015

ALTRI TITOLI DI ADD EDITORE

Rafia Zakaria, *Contro il femminismo bianco*
Matt Alt, *Pop ポップ*
Alessandro Giraudo, *Quando il ferro costava più dell'oro*
Elvia Wilk, *Narrazioni dell'estinzione*
Giusi Marchetta, *Principesse*
Annabel Streets, *Sul camminare*
David Toop, *Oceano di suono*
Bim Eriksson, *Baby Blue*
Louisa Lim, *La città indelebile*
Laura A. Ogden, *Perdita e meraviglia alla Fine del Mondo*
Dale Pendell, *Pharmako/Poeia*
Danilo Zagaria, *In alto mare*
Mirin Fader, *Giannis*
Linnea Sterte, *Disfacimento*
Bae Myung-hoon, *La torre*
Sietze Norder, *Il mondo in miniatura*
Ilaria Maria Sala, *L'eclisse di Hong Kong*
M.S. Harkness, *Tinderella*
Michael Crawley, *Correndo nell'aria sottile*
Anne Sverdrup-Thygeson, *Nelle mani della natura*
Sara Garagnani, *Mor*
Carolyn Hays, *Una storia d'amore. Lettera a mia figlia transgender*
Eleanor Davis, *Arte, perché?*
Seven, *Splendidi reietti*
Dale Pendell, *Pharmako Gnosis*
Giustino Ballato, Rossella Vayr, *Guida ai vivai d'Italia*
June Rose Yadana Bellamy, *Le mie nove vite*
Gulbahar Haitiwaji, *Sopravvissuta a un gulag cinese*
Lilian Thuram, *Il pensiero bianco*
Antoine Pecqueur, *Atlante della cultura*
Laurent Chavaud, *Storia della conchiglia pellegrina*
Marco Del Corona, *Asiatica*

FSC
MISTO
Carta
FSC® C129194

Finito di stampare
nel mese di maggio 2023
presso Print on Web – Isola del Liri (FR)
per conto di add editore

add
editore